La prospective territoriale

Aliette Delamarre
Conseiller à la DATAR

Avec la collaboration de
Marie-Claude Malhomme

Collection dirigée par Nicolas Sokolowski,
animée par Muriel Thoin.

À Jean-Louis Guigou,
et à tous ceux qui inventent l'avenir des territoires.

Dans la même collection

Les pays *(octobre 2001)*
Les agglomérations *(octobre 2001)*
Les fonds structurels européens *(octobre 2001)*
Les contrats de Plan État-Région *(janvier 2002)*
Les systèmes productifs locaux *(janvier 2002)*
Les pôles d'économie du patrimoine *(janvier 2002)*
Le développement numérique des territoires *(mai 2002)*
Les schémas de services collectifs *(mai 2002)*
Le schéma de développement
de l'espace communautaire *(juin 2002)*
Les coopérations interrégionales *(juillet 2002)*

ISBN 2-11-005184-1

Sommaire

Introduction

> « L'avenir est domaine de liberté,
> L'avenir est domaine de pouvoir,
> L'avenir est domaine de volonté »
> Hugues de Jouvenel,
> « Sur la démarche prospective », *Futuribles*, 1993.

Ces convictions fondent toute réflexion prospective. Puisque l'avenir n'est pas écrit, il nous revient de découvrir les marges de liberté qui existent dans une situation donnée. Encore faut-il que le futur soit éclairé par une connaissance et une compréhension des dynamiques à l'œuvre et que soient identifiés les cheminements permettant d'atteindre l'avenir choisi.

C'est donc très logiquement que la prospective se situe sur les trajectoires de projets, notamment de projets de territoire.

En matière de prospective territoriale, le temps des pionniers est maintenant révolu ! Nostalgie mise à part, voilà une bonne nouvelle, le signe de la diffusion d'un état d'esprit, et de pratiques, à diverses échelles de territoires. Depuis environ 15 ans, cet « outil de pensée collective » (G. Loinger) rencontre un intérêt croissant qui résulte de la convergence, ou de l'interaction, d'une série de facteurs qu'il serait vain de vouloir hiérarchiser.

Tout d'abord – au sens chronologique – la décentralisation a constitué une matrice de transformations. La création de nouveaux pouvoirs territoriaux, en organisant de nouvelles répartitions des responsabilités, a progressivement produit dans le champ de l'aménagement et du développement des territoires, une « dissémination des stratèges » devant construire leur légitimité et leur qualification. Ce à quoi les exercices de prospective territoriale peuvent apporter une contribution.

Puis, la mise en concurrence des territoires, développée par les mécanismes de la mondialisation, a fait prendre conscience de l'importance acquise par l'anticipation, par tout ce qui a trait à l'organisation, aux partenariats entre les acteurs.

Simultanément, les modèles d'action publique et de comportements ont connu des évolutions qui ont joué dans le même sens :
– la substitution de la démarche de projet – tout à la fois souhaitée par les acteurs locaux et préconisée par les lois récemment votées – aux approches réglementaires et uniformes fait naître un fort besoin de réflexions « sur-mesure », de travaux centrés sur le territoire de projet retenu ;
– l'attribution d'un rôle actif au débat dans les processus de décision publique recèle un potentiel de dynamisme, mais aussi de demande d'apprentissages ;
– la recherche de participation des acteurs dans leur pluralité, l'objectif d'appropriation des projets par les habitants, peuvent aussi trouver un cadre de concrétisation autour de réels enjeux.

En se plaçant de plus en plus fréquemment au service de cet ensemble de finalités, la prospective territoriale a vu évoluer ses caractéristiques, qu'il s'agisse :
– des objectifs : la finalité opérationnelle est plus affirmée ;
– des échelles : les échelles moyennes (régionales, infra-régionales) sont les cadres privilégiés ;
– des méthodes : les pratiques participatives diffusent ; elles sont de plus en plus perçues comme un élément de légitimation de l'exercice ;

– des champs : l'attention portée à la sphère économique est moins exclusive, les valeurs qui fondent les dynamiques sociales et culturelles sont intégrées ;
– des impacts : en toute logique, une attention nouvelle est accordée à l'articulation entre réflexion et action, aux conditions de mise en œuvre des futurs envisagés.

En définitive, les expériences de prospective territoriale qui ont inspiré cet ouvrage invitent à approfondir les trois directions suivantes :
– une conception ouverte des territoires, car leur devenir s'inscrit dans un champ de relations dont les échelles et les partenaires sont multiples, dont les équilibres sont périodiquement à reconstruire ;
– une pratique dynamique, inventive, de la réflexion collective, sachant associer la diversité des compétences présentes sans démagogie, sans confusion des rôles, en favorisant la structuration d'un système d'action local d'une durée suffisante pour faire aboutir un projet ;
– une attitude pro-active : les marges de liberté identifiées sont mises à profit pour agir.

Chapitre I

La prospective territoriale : deux illustrations contrastées

Deux échelles, deux méthodes, deux finalités :
– en Midi-Pyrénées, une prospective régionale confiée à des experts, qui, utilisant les méthodes éprouvées de la prospective exploratoire, élaborent des scénarios identifiant des voies différentes vers l'avenir. Aux acteurs et surtout aux décideurs de prendre conscience des chemins qui s'offrent à eux pour réagir et agir pour suivre le meilleur ;
– à Strasbourg, une prospective urbaine à l'échelle de l'agglomération qui entend mettre à profit une procédure publique pour construire collectivement et démocratiquement son devenir.

Convaincus de la nécessité d'anticiper, d'accompagner les changements, de gérer les incertitudes afin de développer leurs territoires, des responsables politiques, administratifs, se sont dotés de l'outil prospectif. Ainsi, un ensemble de pratiques, nées de problèmes concrets, fait désormais référence et ouvre la voie à de nouveaux exercices de prospective.

Un bref récit des expériences conduites en région Midi-Pyrénées et dans l'agglomération de Strasbourg permet d'évoquer les principales caractéristiques de ces exercices. Quel a été le cheminement de ces réflexions, leurs modalités d'organisation ? À quels résultats sont-elles parvenues ?

« Les chemins de 2010 », Midi-Pyrénées en prospective

En 1990, face aux disparités géographiques du développement territorial, aux incertitudes économiques et aux inquiétudes exprimées dans le cadre du chantier de prospective lancé par la DATAR, le préfet de la région Midi-Pyrénées sollicite des universitaires toulousains pour organiser une réflexion prospective d'envergure. Il s'agit d'identifier les enjeux du futur de la région ainsi que ses atouts et ses points faibles afin de l'engager sur « les chemins de 2010 ».

Un groupe d'experts, d'universitaires, de responsables d'entreprises et d'administrations se constitue, travaille durant deux ans et demi. Sa démarche se fonde sur l'interrelation de cinq thématiques : identité et culture, systèmes productifs, organisation spatiale et territoriale, excellence et rayonnement international, formation des hommes et des compétences.

L'analyse de la situation régionale met en évidence les dynamiques à l'œuvre. Ces dernières juxtaposent deux logiques territoriales contrastées :

– celle du « Croissant rose », correspondant à l'aire métropolitaine centrée sur Toulouse, dont le système économique est construit autour de l'industrie spatiale

et aéronautique, activité dont les déterminants majeurs sont extérieurs à l'espace toulousain ;
– celle du « Fond Gris » représentant la « mosaïque régionale », c'est-à-dire un ensemble de villes petites et moyennes et d'espaces ruraux, qui a sa propre dynamique économique faiblement reliée à celle de la métropole toulousaine.

Sur le plan méthodologique, le groupe pilote a fait le choix de la méthode classique des scénarios. En combinant les deux logiques, « Croissant rose » sur « Fond Gris », les experts envisagent cinq scénarios d'aménagement et de développement économique, social et culturel de la région Midi-Pyrénées à l'horizon 2010.

Chacun des scénarios expose les transformations affectant respectivement l'une ou l'autre de ces logiques et l'évolution de leur interaction. Se distinguent ainsi :
– *le scénario 1 « tendanciel »* : la métropolisation passive du « Croissant Rose », la diversité des trajectoires des composantes du « Fond Gris » ;
– *le scénario 2 « noir »* : la régression du « Croissant Rose », les espaces en crise et les résistances du « Fond Gris » ;
– *le scénario 3 « métropolitain »* : la métropolisation organisée et réussie, des retombées positives sur le « Fond Gris » ;
– *le scénario 4 « régional »* : une organisation volontariste du territoire régional, des pôles d'équilibre dans le « Fond Gris » ;
– *le scénario 5 « l'inaccessible ? »* : l'ambition du Grand Sud, la mise en valeur de toutes les potentialités.

Midi-Pyrénées, les chemins de 2010

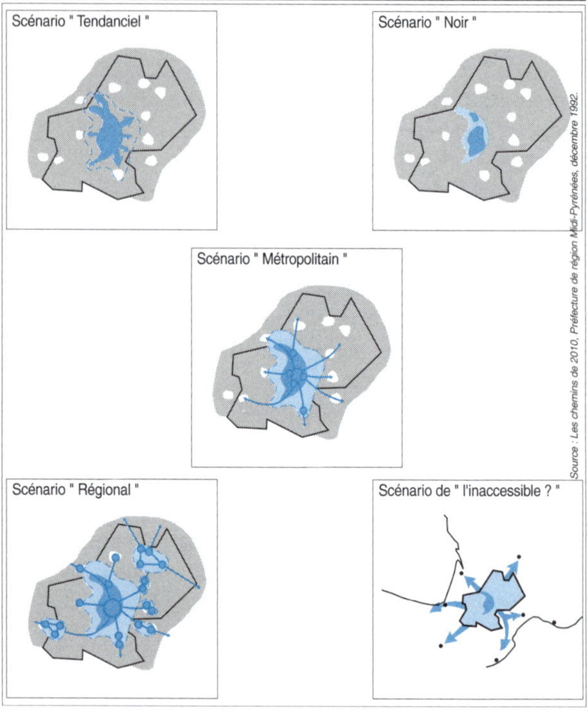

Source : Les chemins de 2010, Préfecture de région Midi-Pyrénées, décembre 1992.

Ces scénarios ont surtout une vertu pédagogique. Ils sont destinés à faire prendre conscience aux acteurs locaux, des dynamiques à l'œuvre sur leur territoire, des évolutions probables de leur région ; dynamiques et évolutions qui n'auront pas les mêmes effets selon que le comportement des acteurs sera passif, actif, réactif ou pro-actif (agissant avec anticipation). Choisissez l'avenir que vous souhaitez, déterminez vos marges de manœuvre et adaptez votre comportement, suggèrent-ils.

Globalement, les évolutions observées de 1992 à 1997 ont confirmé les processus décrits dans le cadre des scénarios 1 et 3. En 1996, lors de la consultation pour la préparation du Schéma national d'aménagement et de développement du territoire, la Région a privilégié le scénario 5. Option confirmée peu après dans le cadre du programme européen Interreg II qui a organisé la coopération entre les régions de la diagonale continentale et l'ouverture sur l'Espagne.

Dans la lignée « des chemins de 2010 », le Conseil économique et social régional a pris, en 1994, l'initiative de créer une section de prospective. Celle-ci a entrepris, en 1996, une nouvelle réflexion « les desseins de 2030, une prospective pour les habitants de Midi-Pyrénées », qui s'est clôturée en 2000 par les « rencontres du futur ».

De la prospective au projet urbain : exemple de la communauté urbaine de Strasbourg

« Un territoire, un projet » ! scandent les (nouveaux) préceptes de l'aménagement du territoire. Mais comment élaborer un projet ?

En 1998, la communauté urbaine de Strasbourg (CUS) aborde la préparation de son deuxième projet d'agglomération avec la volonté de le bâtir à l'aide d'une réflexion prospective qui associerait la population.

L'objectif est de : « construire ensemble un projet durable et solidaire » en s'appuyant sur une « prospective collective ». L'ambition affichée est de déterminer en commun les grandes priorités de développement de la CUS pour les dix années à venir.

Le territoire de la CUS compte 27 communes, soit alors 456 551 habitants.

Fort de ce principe, la méthode retenue consiste à partir d'une esquisse tracée à grands traits par des élus, des experts, des techniciens. Progressivement cette ébauche de projet a été enrichie par la concertation et le débat public, c'est-à-dire par le dialogue entre les différents acteurs de la vie publique : les élus et les institutions, les milieux socioprofessionnels et associatifs, les citoyens, les habitants.

Un projet d'agglomération conçu en 4 phases

Une phase amont

Réflexion en comité restreint (élus, administratifs, consultants) en vue, d'une part, d'identifier les enjeux de l'agglomération complétés et validés ensuite par la concertation et le débat public, d'autre part, de concevoir les modalités d'association des habitants et de conduite du projet.

Une phase d'écoute et de débat public

Selon différentes modalités : débat politique avec les élus des 27 communes autour de l'ébauche de projet, consultations et enquêtes auprès de larges panels d'habitants, rencontres sur le terrain, expression d'un comité citoyen, d'un forum et d'un site Internet. Conclusions présentées aux habitants et aux élus en janvier 1999.

Une phase de décision et de contractualisation

Concrétisée par :

– un débat d'orientation (octobre 1999) ;

– l'approbation par le conseil de communauté (avril 2000) ;

– un projet de contractualistion dans le contrat de ville et le contrat de plan.

Une phase d'application

Programmation des actions retenues.

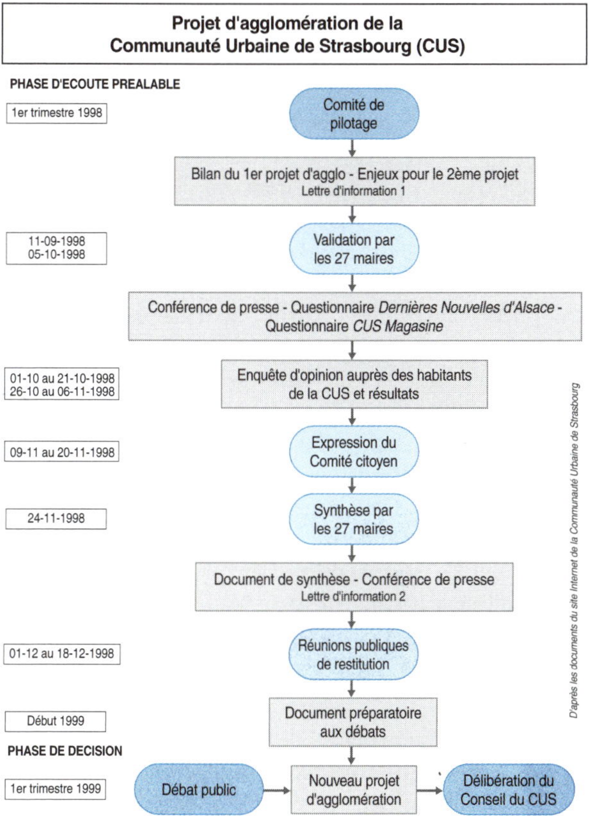

D'après les documents du site Internet de la Communauté Urbaine de Strasbourg

L'expérience strasbourgeoise a été novatrice sur le plan des méthodes prospectives. D'une part, elle s'est affranchie de l'élaboration de scénarios ; d'autre part, elle a essayé d'impliquer le plus possible les habitants. À cet effet, elle a inventé, développé, varié des outils d'écoute sociale et de participation des citoyens. Elle s'est déroulée sur deux années. Elle a permis de donner corps au dessein initial et a défini 16 programmes prioritaires (en évitant les thématiques stéréotypées telles que : économie, culture, transports,...) qui constituent le guide de la collectivité pour les 10 ans à venir.

Pour l'heure, ceux-ci restent au stade de projet, la mise en œuvre des actions ayant été différée, du fait de l'arrivée en 2001 d'une nouvelle équipe municipale qui entend s'attacher d'abord à ses propres priorités.

Au-delà de la définition de ces orientations, la démarche prospective a incontestablement induit des changements profonds. Changement des habitudes de travail, celles des élus, qui ont écouté le comité citoyen exposer ses travaux au sein de leur assemblée, celles des techniciens et des services administratifs, qui se sont nourris de savoirs et de pratiques profanes et empiriques. Changement des comportements et des rapports humains, par une meilleure écoute, l'instauration de rapports de confiance, le respect de la parole de l'autre. Changement du mode de gouvernance de la cité où tous les habitants qui l'ont souhaité, ont été mis en situation de responsabilisation.

> « La gouvernance est un système de gouvernement qui articule et associe des institutions publiques, des acteurs sociaux et des organisations privées, dans des processus d'élaboration et de mise en œuvre de choix collectifs, capables de provoquer une adhésion active des citoyens. »
> François Ascher

Même si cette manière de travailler connaît des limites – notamment un savoir-faire insuffisant en matière de concertation pour associer les populations des milieux modestes, certains jeunes... – elle a montré que le débat avec les citoyens est possible, qu'il est riche. C'est, en fait, un véritable changement culturel que la réflexion prospective a ainsi provoqué. Elle a permis l'apprentissage d'un autre mode de gouvernance territoriale, basé sur la démocratie de proximité.

Chapitre 2

Pourquoi entreprendre une démarche de prospective territoriale?

Le recours à la prospective de la part de territoires de plus en plus nombreux peut s'analyser comme l'une des résultantes de la décentralisation institutionnelle. On assiste en quelques sorte à une « décentralisation » de la prospective qui accompagne la diffusion des responsabilités territoriales.

Ce recours est également à relier à l'effort d'organisation des territoires et aux répercussions des lois sur l'aménagement et le développement durable du territoire, sur la simplification de l'intercommunalité et sur la solidarité et le renouvellement urbains, publiées à partir de 1999, qui renouvellent la gestion territoriale, incitant à l'élaboration de projets et à une extension des pratiques de contractualisation et de planification.

Globalement, ce mouvement est aussi à mettre en rapport avec un réel changement de cadre général d'action, plus incertain. La mondialisation et la construction européenne recèlent de nombreuses inconnues, vis-à-vis desquelles les territoires ressentent la nécessité de mieux s'armer pour préparer demain. « Penser globalement, agir localement ».

Les expériences précédemment décrites, mais aussi celles de nombreux autres territoires, montrent que les raisons qui amènent à entreprendre une démarche de prospective territoriale ont des fondements multiples.

La prise de responsabilité territoriale

Après avoir été pratiquée à l'échelon national par les acteurs de l'administration centrale (DATAR, Commissariat général du plan...), la prospective a diffusé à d'autres échelles territoriales. C'est notamment dans l'élan de la décentralisation que des décideurs politiques ont cherché à se doter d'outils de réflexion et de connaissance, afin d'asseoir leur positionnement institutionnel et penser l'avenir de leur territoire. Ceci a été plus spécialement le cas des régions, alors émergentes, qui se sentaient investies de nouvelles responsabilités.

> « Avant la décentralisation, le développement futur était essentiellement l'affaire de l'État. En devenant responsables de tout ou partie du développement régional, le travail sur la stratégie est devenu pleinement l'affaire des régions »
> Robert Savy, président du conseil régional du Limousin.

Ainsi, des responsables politiques, administratifs..., notamment au niveau régional ont peu à peu misé sur la prospective pour penser leur territoire. Dans un premier temps (fin des années 80), les démarches prospectives sont balbutiantes, basées surtout sur des études prévisionnelles, sectorielles. Mais, progressivement, notamment en vue de la préparation de la 3e génération des contrats de plan État-Région (1994-1999), elles se professionnalisent et se développent, en empruntant à l'État ses méthodes qui se sont ainsi « décentralisées ».

La prospective territoriale contribue ici, d'une part à asseoir de nouvelles responsabilités et une légitimité, d'autre part à bâtir une stratégie territoriale en s'appuyant sur une réflexion à long terme. Elle a ainsi constitué un instrument de qualification et de développement des compétences requises pour l'action.

Des régions pionnières

Plusieurs territoires se sont lancés dans l'aventure à la fin des années 80, certains renouvelant l'exercice quelques années plus tard. À titre d'exemple :
– en 1987, la région Limousin entreprend « Limousin 2007 » puis poursuit, en 1997, avec « Limousin 2017 » ;
– en 1988, la région Aquitaine publie « Prospective Aquitaine 2005 » ;
– en 1990, la région Poitou-Charentes initie « Poitou-Charentes 2000 ».

L'affirmation du local et de nouveaux cadres territoriaux

Cette affirmation s'amplifie dans la période récente avec les nouvelles organisations consécutives, notamment, à la mise en œuvre des lois « Voynet » et « Chevènement ».

La loi d'orientation pour l'aménagement et le développement durable du territoire (LOADDT), dite « loi Voynet », du 25 juin 1999, incite les territoires à s'organiser en agglomérations et en pays.

La loi relative au renforcement et à la simplification de la coopération intercommunale, dite loi Chevènement, du 12 juillet 1999, offre de nouveaux cadres de coopération intercommunale et de développement.

Ces lois définissent de nouvelles possibilités de configurations : **le pays** et **l'agglomération** qui s'organisent autour d'un projet de territoire. Le pays est conçu comme « un territoire de projet » et l'agglomération édifie son développement sur un « projet d'agglomération ».

« Projet : combinaison d'objectifs précis à réaliser à court ou moyen terme ». Alain Bourdin, *La question locale*, 2000.

Comme le précise l'article 26 de la LOADDT : « Le projet détermine, d'une part, les orientations que se fixe l'agglomération en matière de développement économique et de cohésion sociale, d'aménagement et d'urbanisme, de transport et de logement... et, d'autre part, les mesures permettant de mettre en œuvre ces orientations ».

Ce projet n'est pas le produit d'une addition de compétences, une juxtaposition d'actions. C'est le fruit d'un processus émanant d'une volonté commune de changer une situation, de forger une vision du futur et d'agir de manière globale. Il se fonde sur une stratégie concertée de développement, formalisée pour le pays, par une Charte, pour les agglomérations par des documents de type « projet urbain » ou « schéma de développement », les uns et les autres servant de base à la contractualisation définie par la loi.

En contribuant à l'élaboration collective des projets, la prospective territoriale participe ainsi à la modernisation de l'action publique, à un nouveau fonctionnement des organisations territoriales, à une nouvelle gouvernance.

La pratique planificatrice

Le recours à la prospective territoriale trouve aussi ses références dans la tradition planificatrice expérimentée au niveau national. D'autant que ces pratiques se raniment à la fois à l'échelle régionale, avec l'élaboration des schémas régionaux d'aménagement et de développement du territoire (SRADT) et à l'échelle locale, avec la mise en œuvre des nouvelles procédures inscrites dans la loi Solidarité et renouvellement urbains du 13 décembre 2000. Celle-ci crée notamment les schémas de cohérence territoriale (SCOT), amenés à se multiplier très largement dans les prochaines années.

Mais, la prospective territoriale peut aussi fonder l'élaboration de documents sectoriels comme les Plans de déplacements urbains (PDU), voire les Programmes locaux de l'habitat (PLH) ou, à une échelle plus large, les Directives territoriales d'aménagement (DTA). Ainsi lors de l'élaboration de la DTA des bassins miniers nord-lorrains, la prospective s'inscrit dans les études de préfiguration d'une agglomération transfrontalière sur l'espace Sarre-Moselle Est.

La prospective aide ainsi à éclairer les choix stratégiques de planification, à appréhender, avec davantage de cohérence et de façon plus globale, les problématiques du territoire.

Des documents de planification

Directives territoriales d'aménagement (DTA)

Elles sont élaborées à l'initiative et sous la responsabilité de l'État. Elles fixent les orientations fondamentales de l'État en matière d'aménagement et d'équilibres entre les perspectives de développement, de protection et de mise en valeur du territoire concerné.

Plan de déplacement urbain (PDU)

Établi aux termes de la loi sur l'air dans toutes les agglomérations de plus de 100 000 habitants, il y définit les principes d'organisation des déplacements de personnes et de transport de marchandises, de circulation et du stationnement. Il vise à améliorer les transports collectifs, à favoriser les modes de déplacements « doux » – vélo et marche à pied.

Programme local de l'habitat (PLH)

Il définit, pour une durée minimum de 5 ans, les objectifs prioritaires en matière d'habitat à l'échelle d'une commune ou d'un ensemble de communes.

Schéma de cohérence territoriale (SCOT)

Ce sont des documents de planification stratégique, au niveau de l'agglomération, permettant de mettre en cohérence les politiques sectorielles en matière d'urbanisme, d'habitat, de déplacements et d'équipements commerciaux.

La planification territoriale, même stratégique, présente le plus souvent un caractère statique. Elle devrait tirer parti du fait que la prospective territoriale, par nature, invite à travailler sur les dynamiques du système étudié et favorise les processus collectifs.

Le moyen de penser les ruptures nécessaires

Souvent, la prospective territoriale est aussi utilisée en situation de crise, de récession économique. Elle aide à penser collectivement comment enrayer la dévitalisation d'un territoire.

La communauté urbaine de Brest s'est appuyée sur la prospective pour anticiper la récession économique entraînée par la réduction des effectifs de la Direction des constructions navales. En utilisant une méthode innovante, basée sur le repérage de technologies porteuses d'avenir, la réflexion prospective a permis de sélectionner des axes de développement pour le territoire, de déterminer les savoir-faire nécessaires et de faire une prospection d'activités ciblées, essentiellement vers l'étranger.

Dans le département de la Meuse, la démarche prospective, mise en œuvre entre1995 et 1997, visait à provoquer un choc salutaire auprès des acteurs locaux pour endiguer le déclin socio-économique et démographique avéré du département.

Dans la même ligne, la prospective territoriale peut aussi accompagner le changement, la mutation d'un territoire (cas observé tant dans le Nord-Pas-de-Calais qu'en Lorraine).

Les strictes interventions économiques ayant, à cet effet, montré leurs limites, la prospective offre un nouveau cadre : l'élaboration d'un projet global alliant les dimensions sociale et culturelle, mobilisant et rassemblant les forces vives, « pour s'en sortir ». Dans ces territoires « en dépression », la prospective agit comme une thérapie visant à remédier aux maux du territoire, à lui apporter un nouvel espoir.

La thérapie territoriale autour d'Avallon

« La mise en prospective du territoire avallonnais, dans le cadre d'un programme européen Leader 2, a fonctionné comme un processus thérapeutique, aboutissant à un changement de représentation générateur de nouvelles dynamiques et de nouvelles organisations du territoire. Grâce à une mobilisation collective, la « mort programmée du pays » s'est transformée en un nouveau projet de vie conduisant à la mise en place d'un Pays ».

J.-P. Dodet, Prospective en développement local : un divan territorial, Forum de Lille 18 et 19 décembre 2001.

Toutefois, le succès n'est jamais assuré. Si la prospective territoriale entreprise pour contrecarrer une crise peut, effectivement, être un remède salutaire, il arrive aussi qu'à l'inverse, elle contribue à amplifier le marasme.

Quel territoire ?

Répondre à cette question mériterait d'amples développements ; les propos suivants ne font qu'en inventorier les thèmes.

Les travaux explicitement orientés vers une définition de stratégies pour l'action conduisent logiquement à privilégier certains cadres territoriaux.

En France, le cadre régional s'impose à chaque fois que l'initiative est prise par le conseil régional et/ou la préfecture de région, et que l'objectif est, plus ou moins directement, d'aboutir à un schéma régional (souvent encore nommé plan régional au début des années 90) et/ou de contribuer à la préparation de documents tels que contrat de plan État-Région, document unique de programmation pour l'utilisation des fonds européens... À cette échelle, les expériences sont désormais nombreuses, et présentent une certaine diversité de conceptions.

L'application de la prospective aux échelles moyennes (infra-régionales) est dans l'ensemble plus récente.

Dans le cas des « pays », il arrive que le « territoire » au sens plein du terme préexiste. Le plus souvent c'est toute l'action à entreprendre et à mener dans la durée qui est susceptible d'aboutir à la structuration d'un territoire. Situation résumée par cette phrase émouvante : « nous allons devenir un territoire », prononcée lors d'une réunion publique de lancement du pays de l'Avallonnais. Le périmètre d'étude du pays dicte alors celui de la prospective territoriale.

Lorsqu'il s'agit de bâtir un projet d'agglomération, la situation est plus ouverte, plus incertaine. Doit-on adopter les contours de la communauté urbaine ou communauté d'agglomération, déjà fixés ? Doit-on élargir à une aire urbanisée plus vaste, qui englobe la collectivité organisée ? Les réponses varient selon les lieux ou évoluent.

> « Le territoire englobe... les notions d'appartenance, d'identité, de reconnaissance, d'appropriation, de collectif et de pouvoir. »
> Fabienne Goux-Baudiment, *Quand les territoires pensent leurs futurs*, 2001.

Dans la perspective de l'action future, la question du pouvoir est évidemment très importante. Elle incite à retenir des territoires auxquels correspondent des compétences, des pouvoirs administratifs, réglementaires ou politiques leur permettant d'assurer la maîtrise d'ouvrage (ou le portage) des décisions prises.

> Dès la fin de 1984, l'agglomération lyonnaise met en débat le « projet d'agglomération » qui deviendra fin 1988 « Lyon 2010 » qui entrera dans une nouvelle phase en 1996 avec « Millénaire 3 ».

À toutes les échelles, mais plus encore aux échelles fines, la prise en considération de leur emboîtement, de l'interdépendance des territoires est indispensable. Comme tout système vivant, le territoire n'est pas clos sur lui-même ; c'est toujours un système ouvert, dont les articulations sont multiples : avec le plus grand (la France, l'Europe, etc.), avec les voisins, avec le plus petit. Un système dont les membres – les habitants – vivent une géographie à dimensions variables.
Les méthodes de la prospective ne sont évidemment pas indifférentes aux échelles retenues : les sources, les informations collectées, les études ne peuvent être les mêmes dans tous les cas. Mais c'est évidemment dans le registre de la participation des acteurs et, surtout de

la société civile, que se marquent principalement les différences.

Plus la taille du territoire est grande, plus les méthodes participatives sont difficiles à mettre en œuvre. La lourdeur et la complexité des dispositifs menacent fortement ! Celui qui a été mis en place par la région Rhône-Alpes est ingénieux, bien intentionné, coûteux aussi, parviendra-t-il à l'efficacité ?

Ces méthodes participatives se trouvent évidemment exclues des travaux appliqués à l'échelle nationale.

Mais il serait dommage de s'interdire de s'évader des cadres politico-administratifs. Bien au contraire. L'expérience a prouvé que des réflexions sur des ensembles géographiques de la taille de plusieurs régions permettent de renouveler les problématiques grâce à un déplacement du regard, à des mises en relations inhabituelles. Dans une autre perspective, l'intérêt peut être de cibler des portions d'espace dont on fait l'hypothèse qu'elles constituent des territoires à enjeux, soit qu'il s'agisse de points d'appui d'un dispositif plus large, de lieux d'articulation ou encore « d'espaces en creux » à un moment donné de leur histoire.

Quel que soit le type de situation, la médiation entre la phase prospective et la phase de l'action est plus incertaine, les porteurs de projet n'étant généralement pas identifiés lors du lancement de l'exercice.

Pour conclure, observons que la tendance est d'admettre une miniaturisation des terrains auxquels on applique la démarche prospective. Il convient alors de ne pas se leurrer sur les marges de manœuvre de ces territoires, et surtout, moins que jamais, d'oublier l'interdépendance des échelles.

Chapitre 3

Comment et avec qui entreprendre une démarche de prospective territoriale ?

Les méthodes dépendent étroitement des objectifs fixés à la prospective territoriale, des modèles auxquels elle se réfère et de l'échelle géographique. L'observation montre que nombre de territoires s'inspirent des méthodes dites classiques et élaborent des scénarios, dans une perspective exploratoire ou normative.

Les innovations méthodologiques concernent principalement les modes d'organisation et d'animation, les modalités de participation des acteurs dans leur diversité. Ainsi, de plus en plus, la société civile – qu'elle soit ou non organisée – est-elle associée. Malgré les évolutions enregistrées, la pratique participative rencontre toujours des difficultés. C'est l'un des domaines où les recherches doivent encore progresser, où des échanges d'expériences peuvent être fructueux.

Dans ce contexte de diversité des pratiques et de recherche continue, l'objectif est ici de donner des repères et non de fournir un exposé complet des méthodes expérimentées.

Les modalités d'organisation

Qui doit piloter la démarche ? Quel est le cadre général de travail ? Quelles en sont les modalités ? Qui doit y participer ?
Les réponses à ces questions déterminent le dispositif à mettre en place. Il varie selon les situations, l'histoire locale, le système d'acteurs, les objectifs poursuivis... Un principe prévaut : la lisibilité du dispositif et des règles du jeu. Chacun doit savoir à quoi il s'engage, pourquoi, et qui est responsable de quoi.

Le lancement

La démarche débute souvent par un séminaire très ouvert qui rassemble les différents acteurs pressentis et plante le décor.
Les initiateurs d'une réflexion prospective sont souvent des hommes politiques, des leaders dont le charisme et la détermination fédèrent les forces et les moyens pour servir leur dessein. Des exemples récents montrent que des acteurs de la société civile sont aussi capables de se regrouper, de s'organiser, pour réagir face au déclin, à l'atonie de leur territoire et d'enclencher une dynamique collective propre à inverser l'évolution, quitte à solliciter, ensuite, le politique.

« Entreprises et Cités » a été moteur dans la réflexion prospective de l'agglomération lilloise, à l'origine de « Lille, candidate aux jeux olympiques de 2004 » ; de même « Prospective et Entreprises » a rassemblé des acteurs du territoire Sambre-Avesnois

Le pilotage

Généralement, la démarche est pilotée par un comité, présidé par un (des) responsable (s) politique (s) et animée par un prospectiviste ou un groupe technique, voire un candide.

La réflexion de la communauté urbaine de Strasbourg était conduite par :

– un groupe politique : un comité constitué de 17 membres, élus de la communauté urbaine,

– et un groupe technique : une équipe de la direction Études et Prospective de la communauté urbaine.

Les dispositifs de travail

Ils articulent un nombre variable de groupes de travail ou de réflexion (commissions, ateliers,...), de réunions brainstorming, de conférences-débats, de forums, d'exposés d'experts, etc.

Limousin 2007

Cette démarche était pilotée par un comité co-présidé par le préfet de région et le président du conseil régional, assistés de représentants du conseil régional et du Conseil économique et social. Ce comité validait la démarche et entendait les rapports des commissions.

Il était secondé par un comité technique, co-présidé par le directeur général des services de la région et le secrétaire général aux affaires régionales.

L'exercice était entièrement coordonné par un rapporteur général, « cheville ouvrière » de l'ensemble.

Parallèlement, cinq groupes thématiques ont travaillé sur :

- *les activités économiques ;*
- *l'éducation, la formation et la recherche ;*
- *la formation continue ;*
- *l'aménagement de l'espace ;*
- *l'évolution des conditions de vie des ménages.*

Des contributions d'experts et des auditions de personnalités ont également enrichi la réflexion.

Meuse 2015

Cette démarche était basée sur une méthode consultative, organisée autour du travail de 7 commissions : aménagement et équipement de l'espace, développement économique, formation, qualification et emploi, culture, patrimoine et identité, cohésion sociale, participation, démocratie et fonctionnement des institutions, finances et fiscalités.

La réflexion de ces commissions était cadrée en quatre temps :

1) la définition du champ d'analyse, des recommandations, de l'horizon prospectif et des modalités d'intégration des partenaires concernés ;

2) l'élaboration d'un état quantitatif et qualitatif de la situation du département ;

3) un travail sur trois scénarios prospectifs : un optimiste, un médian, un pessimiste ;

4) la construction de programmes d'action, notamment, à partir de l'analyse des propositions rassemblées, permettant d'infléchir l'évolution présente vers les scénarios « optimiste et médian ».

L'ensemble de la démarche était coordonné par une commission chargée, in fine, d'élaborer le projet meusien.

Quelles que soient les méthodes et modalités adoptées, le dispositif doit rester souple pour s'adapter aux ajustements que l'exercice peut nécessiter au cours de son déroulement.

Les participants

Les catégories d'acteurs associés varient là encore selon les démarches. Certaines ne sollicitent que les corps intermédiaires (acteurs institutionnels, adminis-

tratifs, socioprofessionnels), d'autres s'ouvrent davantage à la société civile.
La diversité des participants permet de prendre en compte des points de vue variés, les différentes stratégies d'acteurs, leurs projets. Elle est de plus en plus préconisée (cf. ci-après l'implication du public).
Les acteurs impliqués sont prioritairement des responsables politiques (élus locaux) et institutionnels (représentants de l'État,...) souvent secondés par des techniciens, fonctionnaires, agents administratifs... auxquels sont associés les acteurs économiques, sociaux, la société civile organisée (syndicats, associations...) ou non. Peu à peu ces acteurs développent des synergies, des complémentarités. Ils constituent un « système ».
Les types de participants, leur degré d'implication, particulièrement celui de la société civile, révèlent le caractère plus ou moins ouvert de la démarche. Deux exemples peuvent illustrer ces différences de pratique : celle de Limousin 2007, faisant essentiellement appel aux acteurs institutionnels, et celle de la communauté urbaine de Strasbourg, cherchant à associer largement la société civile.
La démarche « Limousin 2007 » calquée sur les exercices prospectifs menés au niveau national dans le cadre de la planification, s'est appuyée sur une concertation restreinte aux trois institutions : État (préfecture de région et services déconcentrés), conseil régional, conseil économique et social.

La Communauté Urbaine de Strasbourg : une grande diversité d'acteurs

Les élus :

– une rencontre-débat avec l'ensemble des élus (octobre 1998) ;

– un comité de pilotage constitué de 17 membres de la communauté urbaine ;

– des entretiens ponctuels.

Les habitants : *une participation diversifiée et représentative :*

– instauration d'un comité citoyen, préfigurant le futur conseil de développement ;

– des carrefours thématiques ;

– une double enquête (auprès de 2000 personnes) ;

– une enquête approfondie (auprès de 300 personnes) ;

– des ateliers vélos itinérants ;

– la création d'un site Internet, d'une adresse mail, d'un forum.

Les services communautaires :

– une enquête auprès du personnel de la communauté urbaine ;

– des réunions de travail.

Des partenaires publics et privés : *conseil régional, représentants socio-économiques...*

Des experts : *pour enrichir la réflexion thématique sur des sujets ciblés et pour aider à élaborer les méthodes de concertation et de conduite de projet.*

Dans ces systèmes d'acteurs, deux « types » particuliers se distinguent : le public et les experts.

L'implication du public

De plus en plus préconisée, elle reste difficile à concrétiser. Plusieurs textes législatifs récents y font référence :

– la loi d'orientation pour l'aménagement et le développement durable du territoire du 25 juin 1999, placée sous le signe du dialogue ;
– la loi relative à la démocratie de proximité du 27 février 2002, qui favorise l'association des citoyens aux décisions locales.

Ces dispositions établissent un cadre favorable à la mobilisation collective. Elles s'ancrent dans une nouvelle gouvernance et répondent au souhait des citoyens de participer aux décisions et en l'occurrence à la construction de l'avenir de leur territoire. Recueillir le point de vue des citoyens, tenir compte de la diversité des aspirations permet d'enrichir et d'ouvrir davantage la réflexion et de démocratiser la démarche. Cette association rompt avec les seules visions et conceptions techniques ou technocratiques. Elle complète la représentation politique et administrative.

Il importe de souligner que son but n'est pas nécessairement de parvenir à un consensus entre les différents acteurs. Il est parfois plus important, plus utile, de donner sa place au « dissensus », c'est-à-dire à l'expression des différences de point de vue, des désaccords, qui font partie de la réflexion et des représentations, et reflètent les différents courants constitutifs du territoire.

Une participation plus large du public permet par ailleurs une meilleure « percolation » (diffusion) des idées et une mobilisation accrue des habitants, devenant acteurs du développement de leur territoire.

Cette participation ne va, toutefois, pas de soi. Est-elle bien nécessaire ? demanderont certains. D'autant qu'elle suscite des craintes, une peur du désordre, notamment de la part d'élus, encore peu enclins à « ouvrir » le débat. Il est plus confortable – mais moins créatif et moins mobilisateur – de rester confiné entre corps intermédiaires, entre personnes de même culture.

Aussi, comment impliquer, faire participer les acteurs de la société civile ? Comment recueillir la diversité des points de vue, conjuguer des représentations multiples ? Il n'y a pas de recette toute faite, chaque cas est une nouvelle aventure, à éprouver. Tout au plus peut-on, à partir d'expériences participatives vécues, citer les formes usitées. Elles vont des enquêtes quantitatives et qualitatives, à des comités citoyens, en passant par des consultations, des forums, de la concertation et autres tables rondes ou conférences de consensus.

Wallonie 2020, une offre de réflexion citoyenne pour la Wallonie au futur

L'enjeu de cette réflexion est d'amener les citoyens à participer à l'agenda politique et à exercer leur intelligence créative et critique.

La démarche prospective à laquelle les citoyens sont conviés relève d'une dynamique par laquelle ils se fixeront des principes souhaitables pour tous et rechercheront les actions ou décisions à mettre en œuvre pour atteindre ces souhaitables et les rendre possibles : devenir véritablement acteurs d'un futur collectif, défini collectivement.

Sont invités à participer tous ceux qui détiennent une capacité de réflexion ou d'action là où ils vivent, à travers leurs engagements et leurs responsabilités, qu'ils se situent dans la sphère de la société civile et du monde associatif, dans celle de l'économie et des entreprises ou dans celle de l'État, de l'enseignement et de l'Université. Ces acteurs constitueront des groupes de travail associant des personnes issues d'horizons et de milieux différents.

D'après *Une offre de réflexion citoyenne pour la Wallonie au futur*, cinquième congrès La Wallonie au futur, 2001-2003.
Site : www.wallonie-en-ligne.net

L'association du public nécessite le recours à des méthodes adaptées de participation et d'animation, qui ne sont encore que balbutiantes et qui demandent à être perfectionnées. C'est surtout dans ce domaine que des progrès sont à faire, des compétences nouvelles à acquérir, des méthodes à inventer en vue de développer une ingénierie démocratique.

Le comité citoyen institué dans le cadre de l'élaboration du projet d'agglomération de la communauté urbaine de Strasbourg était composé de 12 titulaires (24 suppléants), tirés au sort parmi 734 candidats, selon des critères d'âge, de catégories socioprofessionnelles, de localisation géographique, de sexe. Il a travaillé par réunions mensuelles, animé par un fonctionnaire territorial (facilitateur-animateur), en dehors de la présence d'élus. Il devait préfigurer le futur conseil de développement.

Plus globalement, les démarches de prospective doivent faire l'objet d'une ample information, voire d'une campagne de communication, si on veut mobiliser un large public.

Le recours à des experts

Faut-il faire appel (ou non) à des experts ? Quel (s) type (s) d'experts solliciter : des universitaires, des prospectivistes, des manageurs,... ? Comment et à quel moment les faire intervenir ?

Le recours à des experts peut aller de l'accompagnement en continu (aide au pilotage, production de connaissance,...) à l'intervention ponctuelle (exposés scientifiques, soutiens méthodologiques...), en passant par les conseils en matière d'animation et de communication. Mais, la prospective

> « Nous avons tous une partie de prospective en nous ! »
> J.-F. Stevens, ancien responsable de la mission prospective du conseil régional du Nord Pas-de-Calais

n'est pas (n'est plus) le monopole des experts. Ils ont aussi à apprendre des esprits profanes.

> « La prospective est à la croisée des savoirs ».
> La prospective au cœur des régions, 1993.

En fait, ce qui importe, c'est de relier les compétences, les savoirs, de les faire interagir, de laisser place à la controverse et à la confrontation d'opinions et d'idées. Une démarche de prospective territoriale doit diversifier et croiser les approches. Elle nécessite de recourir à des compétences techniques, scientifiques mais aussi novices.

Les éléments constitutifs des exercices de prospective territoriale

Le questionnement prospectif

Pour fixer une direction à l'exercice entrepris, il est essentiel d'en définir les objectifs, exploratoires, stratégiques, opérationnels. Il faut savoir répondre aux questions : que veut-on faire ? À quoi veut-on aboutir ?

En l'occurrence, il s'agit de comprendre le passé et le présent pour envisager l'avenir. Ceci nécessite :

– de dresser un état de la connaissance : quel est le contexte territorial et extra territorial (opportunités, menaces) ? Quelle est la situation du territoire (atouts, handicaps) ? Quelles sont ses contraintes ?...

– d'avoir une bonne compréhension du fonctionnement du territoire et du jeu des acteurs : qui sont-ils ? Quelles sont leurs relations, leur stratégie... ?
– de dégager les thématiques clés (économique, éducative, sociale, culturelle...), les évolutions sociétales,...
– de déceler les attentes et les besoins des habitants (diversité, importance,...).

Les trois objectifs

De Millénaire 3 du Grand Lyon :

– rendre visible les avenirs possibles de l'agglomération et lisibles sa structure et son fonctionnement ;
– faire émerger une culture commune aux acteurs et aux partenaires du Grand Lyon ;
– favoriser le cheminement des réflexions dans de nombreux domaines mais centrées sur des stratégies d'action précises.

De « Wallonie 2020 » :

– appréhender le futur de la Wallonie et ses enjeux à l'horizon 2020 ;
– partir des besoins de la société civile et des réalités vécues de la population ;
– inscrire le devenir de la Wallonie dans le contexte des mutations mondiales et européennes.

Le diagnostic

Cette phase d'établissement de connaissances et de questionnements réalise un diagnostic, un état des lieux du territoire, des thématiques à privilégier, une analyse du contexte territorial dans son inscription la plus large (contexte régional, national, européen et international). Les directives européennes, par exemple, peuvent être déterminantes dans l'élaboration de décisions futures d'un territoire donné.

Ce diagnostic territorial prospectif doit être établi de façon dynamique. Il doit être conçu comme un cadre qui accompagne la démarche, susceptible de se modifier – parce qu'il intègre, au fur et à mesure, les « évènements » – et non comme une photographie prise une fois pour toute.

Il est effectué à partir d'études (existantes ou à réaliser), d'expertises, de statistiques, de cartographies,... mais aussi de contributions diverses, d'entretiens, d'échanges avec (et entre) des acteurs locaux...

Dès cette phase amont, il importe que les acteurs se forgent une représentation – la plus partagée possible – du territoire et de son environnement. L'appropriation ultérieure de la démarche et sa crédibilité dépendent étroitement de cette représentation partagée, à tout le moins discutée.

« Livre Blanc contre idées noires » ou le diagnostic partagé du pays de Colombey et du Sud Toulois

« Fin des années 70, autour d'un conseiller général nouvellement élu, une équipe entame un travail de fourmi afin de produire la photographie de la situation socio-économique très difficile vécue par ce canton. Il en résulte un Livre Blanc montrant le caractère catastrophique de la situation. » Un mouvement participatif s'enclenche alors pour redonner espoir aux habitants et infléchir les tendances lourdes.

La phase diagnostic permet de clarifier les objectifs, d'avoir une lecture et une connaissance collective du territoire, de repérer les acteurs clés et de déceler les projets émergents. Elle doit mettre en évidence les perspectives d'évolution pour déceler les enjeux et élaborer la stratégie d'action. Elle permet également, d'élaborer le cadre méthodologique et d'évaluer les moyens nécessaires (moyens financiers, humains...) ainsi que les marges de manœuvre possibles.

L'horizon temporel

Le temps est une dimension essentielle : dès le départ il importe de choisir l'horizon, c'est-à-dire le terme du futur projeté. Celui-ci oscille, le plus souvent, entre le moyen terme (10 ans) et le long terme (20, 30 ans).
Dix ans est, par exemple, l'issue des exercices liés à l'élaboration d'un projet d'agglomération. Vingt, trente ans est souvent l'horizon des démarches régionales, à l'instar des schémas directeurs nationaux ou présentement des schémas de services collectifs. C'est le temps « d'une génération », c'est-à-dire une durée où les mutations sont significatives : « pour changer les choses, faire cheminer les idées, il faut du temps, le temps d'une génération ». Ainsi la démarche « Limousin 2007 » a-t-elle délibérément visé ce long terme, vingt ans.
Un terme lointain permet de s'affranchir des préoccupations immédiates qui risqueraient de parasiter la réflexion. Il favorise la libération de la parole.
Plus profondément, le raisonnement sur le temps long est inspiré par la nature des processus en jeu. Dans le domaine de l'aménagement, « il faut travailler avec le temps... le développement du territoire prend du temps... ». On retrouve là, même si ce n'est pas toujours explicite, une référence aux fondements du développement durable.

Toutefois, pour convaincre de l'efficacité de l'exercice, pour entrevoir des changements possibles et pour maintenir la mobilisation des acteurs, il est judicieux d'associer cette réflexion sur le long terme au pragmatisme de l'action immédiate : « Pour convaincre, il fallait montrer, tout de suite, qu'il se passait quelque chose », souligne-t-on au Pays de Colombey-les-Belles.
De manière générale, la perception largement partagée de changements rapides dans les données de contexte, incite à travailler simultanément (ou par itérations) sur le long terme et sur des horizons plus rapprochés, également mieux adaptés aux temps de l'action.
Une autre manière d'articuler les divers horizons temporels est de pratiquer une prospective permanente, en continu, qui peut prendre la forme de « scénarios glissants ».

« La technique des scénarios glissants permet de réajuster un ou plusieurs scénarios issus d'un même jeu, en fonction des événements qui surviennent au fur et à mesure de la réalisation du scénario réel ».
Fabienne Goux-Baudiment,
Donner du futur aux territoires, 2000.

Enfin, rappelons qu'en dehors de la « prospective continue » – encore peu pratiquée – le temps de l'exercice lui-même nécessite le plus couramment de un à deux, voire trois ans. Cela suppose de la persévérance, de la disponibilité et une bonne organisation pour favoriser l'une et l'autre.

Le travail d'anticipation

Il consiste, sur la base du diagnostic dynamique précédemment établi à :

– dégager les *tendances lourdes* les plus nettes et dont on pense qu'elles vont continuer à exercer leur influence à moyen ou long terme ;

– repérer *les signaux faibles, les tendances émergentes* susceptibles de s'affirmer ; on est ici dans le domaine du possible et de l'incertitude ;

– identifier *des faits porteurs de transformations, voire de rupture*, à l'égard des tendances en cours.

À partir de là, s'effectue un travail de création, de construction de représentations des avenirs possibles. Il existe pour cela différentes méthodes qui exigent de la rigueur. La plus couramment employée est la méthode des scénarios.

Soulignons que le scénario c'est à la fois la vision, l'image du territoire à l'horizon choisi **et** le cheminement pour y parvenir ; et que travailler sur ce cheminement est de la plus grande importance.

C'est à ce stade que sont analysées, discutées tout à la fois les conditions d'apparition du scénario, et ses conséquences ; que sont appréciés les obstacles à sa réalisation, les alliances susceptibles de le favoriser,... si l'on raisonne autour d'un scénario souhaité, base d'une stratégie future.

> « C'est la méthode la plus usuelle et la plus pédagogique. Elle a pour objet de simuler des évolutions possibles (en l'espèce du territoire concerné), soit en tendance (scénario tendanciel), soit de façon volontairement contrastée par rapport aux tendances (scénarios contrastés), soit de façon à respecter ou atteindre une norme fixée à l'avance (scénarios normatifs) ».
> J. de Courson, La prospective des territoires, CERTU, 1999

À travers cette étape qui constitue la partie la plus créative de l'exercice, une pensée collective prend forme. Elle remet en cause les représentations établies, les idées toutes faites. Par une création progressive, interactive, elle conduit à la construction de visions partagées du territoire.

De la réflexion à l'action

« Réfléchir, c'est bien, agir c'est mieux »

À chaque fois que la prospective territoriale est conçue comme un préalable à l'élaboration d'un projet de territoire l'exercice doit être prolongé par la définition de stratégies adaptées à la situation, aux échéances, aux ressources.

Il convient toutefois de souligner, d'une part, que le processus « prospective – stratégie – décision – action » n'obéit pas forcément à cet enchaînement linéaire, mais s'effectue plutôt selon des « va-et-vient » interactifs, et, d'autre part, que l'action n'est pas forcément la finalité de la prospective.

La prospective ne doit pas être confondue avec le projet. Elle apporte « le regard éloigné » qui alerte, qui éclaire la décision et le contexte de la décision, mais sans donner la marche à suivre.

À partir de là, les points de vue – et les expériences – divergent. Pour les uns, le découplage entre la réflexion prospective et l'action est un gage de liberté et de sérénité de la pensée, à préserver. Ce qui conduit logiquement à séparer nettement les rôles de deux catégories d'intervenants.

Pour d'autres, la prospective doit intégrer les réflexions sur les diverses modalités possibles d'action collective, introduire ainsi une « prospective de la mise en œuvre ». Ce qui crée – et nécessite – une articulation plus forte avec les responsables du projet.

De toutes les manières, le passage à l'action est l'une des questions cruciales et problématiques de la prospective territoriale, car ce passage de relais est souvent un point d'achoppement (cf. ci-après p. 46 « les difficultés »).

Chapitre 4

Comment procéder avec succès ?

Au-delà de la marche à suivre et des recommandations méthodologiques, le « bon » déroulement des démarches de prospective dépend de plusieurs facteurs.

En premier lieu, il est étroitement dépendant de la volonté des initiateurs et des artisans de l'exercice, et aussi de la rigueur méthodologique avec laquelle il est mené, rigueur qui peut être utilement renforcée par l'évaluation. Il nécessite, par ailleurs, une période d'apprentissage de la part des participants qui doivent être diversifiés et faire preuve de qualités humaines au-delà de compétences techniques.

L'exercice demande également un accès de tous à l'ensemble des informations qui doivent être recueillies aux meilleures sources. Enfin, la « qualité » de la démarche dépendra de formes réussies de communication et de concertation.

À l'inverse, ces démarches peuvent être freinées par un certain nombre de difficultés ou de limites. Celles-ci tiennent à la faiblesse méthodologique, au cantonnement à une sphère restreinte mais aussi, au temps long inhérent à la prospective et à la lenteur de la diffusion des idées. In fine, elles peinent à impliquer un large public et à se traduire en actes.

Les facteurs clés de réussite

La volonté (politique)

Dans la plupart des cas, c'est le responsable politique qui est au premier plan. En effet, une telle initiative aura davantage de chance de produire des fruits si elle est portée par un décideur, notamment politique. La légitimité démocratique de celui-ci, mais aussi la crédibilité qu'il donnera à la démarche, lui confère une capacité à mobiliser et fédérer une pluralité d'acteurs et à avoir les moyens de mener un tel exercice.
Inversement, moins les responsables s'impliqueront, plus les risques d'échec seront élevés.
Ce portage politique sera d'autant plus efficace et l'exercice aura d'autant plus de retentissements, que les acteurs sauront surmonter les clivages et conflits politiques.

La diversification des acteurs impliqués

L'importance de ce point a déjà été soulignée. Rappelons que la richesse de la réflexion et la « percolation » des idées dépendent étroitement de la diversité des acteurs associés mais aussi du degré de leur participation. La prospective n'est pas (plus) l'apanage des experts ; elle se démocratise et devient l'émanation d'une « intelligence collective ». L'expression de différents points de vue, de controverses, fertilise la démarche et les projets qui en découlent.
La prospective opère une mise en relation d'acteurs. Aussi, au-delà des compétences techniques, des

savoirs spécifiques, cela nécessite des qualités humaines, telles que l'écoute, le respect (de la parole) de l'autre, une ouverture d'esprit et une confiance mutuelle.

L'acculturation (l'apprentissage) des acteurs

Réfléchir collectivement en se projetant dans le long terme nécessite de faire évoluer ses modes de pensée. L'abandon des idées reçues, l'analyse et l'articulation de phénomènes complexes, l'appréhension du futur,... supposent une préparation et une maturation des esprits, un « va-et-vient entre analyse, information et création » *(Guide, La prospective au cœur des régions)*. Nul ne naît « prospectiviste », mais chacun peut acquérir progressivement un état d'esprit prospectif. Cette acculturation va de pair avec la qualité de l'information, le partage de la connaissance. Il importe en effet que l'ensemble des acteurs ait accès à la totalité de l'information et à un savoir de bon niveau, c'est-à-dire à des informations intelligibles, porteuses de sens. Seule cette connaissance partagée et significative permet la compréhension des phénomènes qui animent un territoire et donc l'élucidation des choix futurs.

Lors de l'élaboration du projet d'agglomération de la communauté urbaine de Strasbourg, le comité citoyen disposait des mêmes informations que les élus de l'assemblée communautaire.

La rigueur méthodologique

Un exercice de prospective ne s'improvise pas. Il nécessite une conduite rigoureuse, tant sur le plan de l'organisation (encadrement du dispositif, choix méthodologiques, mobilisation et participation des acteurs, processus de décision...) que de la réflexion (qualité du contenu, pertinence de l'expertise, choix des experts...). Toutes les étapes nécessitent cette exigence et, plus particulièrement, les phases d'association des acteurs et de mise en œuvre de la stratégie, celle-ci étant un des moments délicats du processus.

Le recours à l'évaluation

L'exercice prospectif gagne à être complété par l'évaluation. En effet, elle peut être à la fois le miroir, le rétroviseur et la conduite accompagnée de la démarche, en ce sens qu'elle permet de tester la faisabilité des orientations envisagées (est-ce que la direction est bonne ?), de rectifier la trajectoire, de juger de l'utilité et de l'efficacité des travaux (à quoi a servi ce qui a été préconisé ?).

Pour l'heure, cette association est encore peu pratiquée. Les territoires utilisent éventuellement l'une ou l'autre (peut être davantage la prospective que l'évaluation), rarement les deux corrélativement. Il paraît pourtant difficile de concevoir une démarche sans l'autre.

Dans un contexte d'incertitudes sur l'avenir et de remise en cause des outils jusqu'ici utilisés, l'évaluation et la prospective participent d'une nouvelle ingénierie de la décision et d'une réorganisation majeure de l'action publique.

La communication et la concertation

La communication et la concertation constituent un élément fort, car elles permettent l'appropriation de la démarche et de son contenu. Les enjeux et les perspectives d'avenir doivent ainsi être partagés le plus largement possible, afin de susciter la réaction, favoriser la mobilisation des acteurs, décideurs publics, privés, responsables locaux, grand public...
Pour ce faire, la communication ne doit pas être uniquement conçue comme un outil de promotion des idées et des actions émanant de la réflexion prospective mais comme un moyen de stimulation des esprits. Elle ne doit pas non plus être à sens unique (comme le serait une campagne d'information traditionnelle), mais s'effectuer de façon interactive et favoriser la concertation et le débat public.

La communication sur « Millénaire 3 » (agglomération lyonnaise)

En complément des conférences-débat, journées prospectives et autres forums, la communication sur Millénaire 3 comporte des publications gratuites et largement diffusées à partir de 5 supports :
– la lettre d'information de Millénaire 3 (7 000 exemplaires) ;
– la lettre des Eurocités ;
– les Cahiers Millénaire 3 ;
– les Cahiers thématiques (4 500 exemplaires) ;
– un site web www.millenaire3.com.

Les difficultés et les limites

La prospective ne va pas de soi. Bien évidemment, les exercices de prospective rencontrent des difficultés et connaissent des limites. Celles-ci sont souvent les revers des éléments favorables.

Les insuffisances méthodologiques

Une des premières difficultés est d'ordre méthodologique. Il a été souligné précédemment que la « réussite » d'un exercice prospectif est tributaire de sa rigueur.
Or, les « qualités » requises sont nombreuses : il faut à la fois être novateur et adaptable, faire preuve de créativité, libérer les esprits,... tout en étant rigoureux. Rigueur pour canaliser l'effervescence intellectuelle, exigence sur la qualité du contenu et de la participation, vigilance dans la phase de mise en œuvre de la stratégie. Cette combinaison n'est pas aisément réunie. Faute d'avoir bien mesuré ces exigences, certaines démarches sont restées « en panne ».

Le cantonnement à une sphère institutionnelle et/ou technocratique

Étant donné l'importance d'impliquer une pluralité d'acteurs, se cantonner à un milieu institutionnel et/ou technocratique limite la diffusion et l'appropriation d'une démarche prospective, donc aussi sa richesse et sa portée. D'autant qu'il arrive que les « bonnes » idées technocratiques se révèlent peu pertinentes, confrontées à la pratique.

Le temps (long) de la prospective

Un exercice de prospective, a fortiori ses effets, prennent du temps. À une époque où « on n'a pas le temps », où l'immédiateté est une exigence forte, le long terme est vécu comme une contrainte, un handicap. Handicap pour l'élu, qui ne dispose que du temps (court) de son mandat pour démontrer son efficacité, handicap pour la crédibilité de la méthode, dont les « résultats » nécessitent du temps, trop de temps.
Pourtant, le long terme est l'essence même de la réflexion prospective, qui s'inscrit dans le temps long et s'y projette.
Ce « défaut » pose aussi la question de la persistance de la dynamique impulsée : les acteurs engagés vont-ils, des années durant, poursuivre la réflexion, échafauder des scénarios et les mettre en scène ? Certaines expériences font la preuve que c'est possible – ainsi « Pays Basque 2010 » qui a 10 ans d'existence – mais d'autres se sont essoufflées ou sont restées inachevées.

La lenteur de la diffusion des idées

Corrélativement, les perspectives, les idées, qui émanent de la réflexion prospective sont lentes à diffuser. Il leur faut du temps pour cheminer, pour convaincre, notamment celles qui sont en avance sur leur époque ou qui vont à l'encontre des idées reçues. En Limousin, par exemple, la suggestion, faite dès 1987, de concevoir des politiques d'accueil de nouveaux habitants pour pallier le déclin démographique ne deviendra effective que plus de dix ans plus tard.

L'implication d'un large public

L'ambition d'informer, voire de faire participer un large public à une expérience de prospective est un exercice difficile. Les pratiques se multiplient dans ce domaine mais peinent à atteindre leur objectif. Ainsi, « Millénaire 3 » dont le dessein était d'atteindre une grande partie des Lyonnais, n'a pas pleinement abouti.

Millénaire 3, les aléas de la communication

La stratégie de communication mise en œuvre dans le cadre de Millénaire 3 ne semble pas encore avoir gagné certaines couches de la population du Grand Lyon.
Si elle apparaît légitime, innovante et dynamique, Millénaire 3 est en revanche perçue comme peu opératoire et abstraite. Aurait-elle en partie raté sa cible ? La prospective territoriale serait-elle encore l'apanage d'une élite ? Comment réussir à mobiliser les médias généralistes sur de tels enjeux, à l'instar de ce qu'a fait le Stadtforum de Berlin ? Comment les expliquer au grand public sans affadir pour autant leur contenu ? Autant de questions déjà rencontrées par d'autres métropoles du réseau Eurocités, comme Barcelone, qui y ont, chacune à leur manière, apporté des réponses utiles.
Extrait du site : www.millenaire3.com

Le difficile passage de la réflexion à l'action

Un des points d'achoppement signalés concerne la phase de propositions et de concrétisation des réflexions. Cette difficulté n'est pas intrinsèque à la démarche, elle peut résulter de divers facteurs comme l'épuisement du processus, des changements politiques, le manque de porteurs de projet au moment opportun,... Autant de problèmes auxquels il n'est pas toujours facile de remédier en temps voulu.

Chapitre 5

Qu'attendre d'une prospective territoriale ?

« Après, on n'est plus comme avant ! ». Cette expression d'un participant à une démarche de prospective territoriale est emblématique.

Elle nécessite toutefois d'être nuancée. Les changements sont lents et progressifs, mais aussi relatifs, car la prospective territoriale n'agit pas sur un territoire où « toute chose est égale par ailleurs ». Les transformations observées sont-elles propres à l'intervention de la prospective ? Se seraient-elles produites sans elle ?

En fait, peu d'études rétrospectives en évaluent les effets et nombre de ces exercices sont encore trop récents, pour que leurs conséquences soient suffisamment perceptibles.

Cependant, les témoignages convergent pour dire que, quelles que soient les retombées effectives de ces exercices, y participer est, en soi, une expérience forte, une effervescence créatrice et enrichissante qui marque les esprits. Elle redonne confiance en soi et au territoire.

L'apport et les changements induits par une démarche de prospective résultent à la fois de son contenu et du processus impulsé. Ils n'apparaissent pas immédiatement, ni clairement ; ils sont discrets, progressifs. Les répercussions du processus nécessitent du temps, une maturation des idées, une évolution des mentalités, des réactions du territoire. De fait, c'est toute une dynamique qui s'enclenche, un système dont les éléments interagissent qui se met en œuvre et qui « travaille » les acteurs, comme le territoire, voire l'ensemble du dispositif social.

La création de connaissances et d'une « intelligence collective »

La prospective territoriale, par les interrogations qu'elle formule, la recherche des éléments pour y répondre, la mobilisation des savoirs scientifiques, techniques, empiriques,... apporte de la connaissance. En retour, celle-ci raisonnée, exploitée, enrichie par le croisement des savoirs et des compétences de chacun, en produit. Ce mouvement facilite la transversalité des idées et une construction collective des représentations du territoire éclairantes pour la décision publique.

La synergie ainsi engendrée stimule l'intelligence des acteurs. Elle leur fait prendre conscience des tendances d'évolution, des ruptures possibles, les amène à être attentifs aux « signaux faibles », aux phénomènes émergents, globaux et locaux, à risques ou positifs.

Elle leur confère *une plus grande lucidité*, une meilleure compréhension de la situation du territoire, de ses enjeux, des marges de manœuvre possibles. Ils sont davantage en capacité de positionner le territoire de façon stratégique, par rapport à un environnement – dont ils ont mesuré les interdépendances internes et externes–, d'émettre des hypothèses, de déterminer les futurs souhaitables et possibles, d'élaborer des stratégies cohérentes.

Cette intelligibilité des situations est à même d'infléchir des tendances « au fil de l'eau », d'éviter des décisions prises à l'aveugle dans l'urgence.

L'acquisition d'une culture commune

Le brassage et la confrontation de connaissances spécialisées et de savoirs profanes, le travail avec des interlocuteurs inhabituels, nouveaux, exprimant des points de vue diversifiés, jouent un rôle pédagogique, sur le plan culturel (apprentissage d'une culture commune) et relationnel (la « découverte » de l'autre). En ce sens, la prospective comporte une dimension d'apprentissage, de perfectionnement et d'adaptation. Cet aspect cognitif et pédagogique de la prospective forge peu à peu une culture commune, un état d'esprit collectif.

La prospective permet de se projeter dans l'avenir avec un bagage nouveau et adapté, de faire place à l'imaginaire et à la contradiction. Elle révèle une nouvelle liberté d'action, l'éventail des possibles, offre de nouvelles possibilités d'autonomie des acteurs et leur apprend à innover.

Un changement de comportement et d'attitude

Progressivement, les acteurs modifient leurs attitudes. Ainsi, nombre d'entre eux évoluent d'une attitude passive, au mieux réactive, à une attitude pré-active (apte au changement) ou, mieux, pro-active, c'est-à-dire capable d'anticiper par la réflexion, puis d'agir pour provoquer les changements souhaités.

Des responsables locaux reconnaissent ainsi avoir acquis, au travers de l'esprit prospectif, davantage d'autonomie et être plus « matures ». Cette évolution les amène, par exemple, à se « prendre en charge » plutôt que de se tourner vers l'État pour se plaindre ou réclamer son assistance.

Par exemple, des responsables de la communauté urbaine de Brest, d'attentistes et assistés, sont devenus pro-actifs : cessant d'attendre la venue « d'un entrepreneur – sauveur », ils ont entrepris de bâtir un projet réaliste.

L'exercice de prospective provoque aussi des changements dans les relations entre acteurs. Les différentes parties prenantes, administrations, corps constitués, société civile... sont amenées à réfléchir en commun, à bâtir de nouvelles organisations partenariales, à favoriser les relations sociales. Les uns et les autres apprennent à mieux se connaître, à travailler ensemble sur ce qui les rassemble et les oppose, donc à se respecter même dans leurs désaccords. De fait, des liens se tissent, des réseaux se constituent, favorisant les échanges et la circulation des idées. Ceci se traduit, par exemple, dans le quotidien, par une rapidité accrue de traitement de dossiers.

L'enjeu de la démarche Millénaire 3 n'est pas seulement de mener une réflexion abstraite sur l'avenir, mais aussi d'initier très concrètement les processus de changement, que ce soit dans le fonctionnement des administrations, dans les pratiques d'enseignement, de santé, le développement économique et social, etc.

Patrick Lusson, *Prospective : l'avenir mode d'emploi ;*

Une mise en mouvement de la société locale

La prospective territoriale fédère les énergies et participe à l'émergence d'une dynamique locale de développement qui tient compte des spécificités territoriales. Elle permet de prendre du recul vis-à-vis des acquis, de rompre avec les idées reçues, de bousculer les habitudes et les représentations, d'ébranler les certitudes.

Elle apporte une connaissance utile à la décision publique et favorable au développement de la créativité, enjeu du développement, non seulement économique, mais aussi social, culturel du territoire.

In fine, ceci contribue à révéler les potentialités et enrichir les débats. Débattre du futur permet d'agir sur le présent.

« Regarder l'avenir le bouleverse »
Gaston Berger

Au travers de ces démarches prospectives émerge un mouvement de fond : la pratique et l'apprentissage de la démocratie participative induite, notamment, par la participation et l'implication de différentes catégories d'acteurs et d'habitants.

Une décision ne peut plus reposer uniquement sur la volonté politique et/ou sur des considérations technocratiques, même bien argumentées.

Conclusion

Qu'est-ce que la prospective territoriale ?

Initialement surtout utilisée par les entreprises privées et les grands acteurs nationaux (DATAR, Commissariat général du Plan,...), la prospective, qualifiée de stratégique, a diffusé aux autres échelons territoriaux.

La prospective territoriale dérive de la prospective générale. Elle en partage le principe fondamental : l'avenir n'est pas écrit, il est à construire. Elle lui emprunte aussi ses méthodes. Comme elle, elle se différencie de la prévision, de la projection, par une approche plus politique que technique. Elle se distingue aussi de la planification, puisqu'elle ne prédétermine pas ; elle éclaire pour définir des scénarios exploratoires, imaginer des cheminements vers des transformations. En ce sens, elle est un outil d'aide à la décision.

La particularité, et une des difficultés, de la prospective territoriale tient, notamment, à la pluralité des acteurs qui entrent en scène, à la multiplicité des niveaux et des compétences qui interagissent, à la diversité des points de vue ; mais c'est aussi sa force et sa richesse. Car, au cœur de la prospective territoriale, il y a le territoire.

C'est lui qui détient, intrinsèquement, les clés de son avenir. Par sa faculté à mobiliser ses forces vives, l'aptitude de celles-ci à révéler ses atouts, à en maîtriser les contraintes, à se révéler à elles-mêmes et à découvrir en leur sein des potentialités non soupçonnées, le territoire recèle des capacités de maîtrise de son destin.

Il s'agit de mettre en lumière les ressorts du territoire, de lui forger une identité et une image, d'exprimer des intentions collectives (un projet de territoire), de dessiner les futurs possibles et souhaités.

> « La prospective est un instrument remarquable pour faire exprimer les désirs déclarés ou inconscients qui, une fois déclarés modifient le présent et agissent sur le futur ». Guide, *La prospective au cœur des régions*

Progressivement, l'exercice de prospective territoriale, par le processus enclenché, développe une énergie collective et lance une dynamique. Ce mouvement va (re) donner du sens, par une meilleure compréhension du présent et une plus grande confiance en l'avenir, justement parce que celui-ci n'est pas déterminé, qu'on s'en faisait des idées fausses ou toutes faites, qu'on se croyait assujetti au carcan de la mondialisation, alors qu'il y a des espaces de liberté et donc d'action. Une espérance se fait jour, une assurance s'instaure, des perspectives qu'on n'entrevoyait pas s'ouvrent.

Toutefois, dire ce qui est possible, n'est pas dire ce qui va advenir, mais, ce qui, au regard des éléments perceptibles, des décisions déjà prises, a une forte probabilité d'arriver. La prospective fait donc une place importante tant à l'intuition qu'au raisonnement ; elle n'est pas affaire de spécialistes, mais d'interdisciplinarité et d'imaginaire. En bref, c'est un état d'esprit.

Ceci nécessite de la rigueur, mais aussi de « penser autrement », de « lâcher prise ». C'est là une autre des difficultés inhérentes à l'exercice. Car il est difficile de rompre avec ses certitudes, avec les idées reçues, de bousculer les acquis, de se lancer dans le vide du futur. Perdre ses repères déstabilise. De plus, tout cela prend du temps. Forcément, l'exercice dérange, provoque

des réticences, notamment de la part des sceptiques, des gens sérieux qui redoutent de perdre du temps.
La prospective territoriale, à la différence de l'évaluation des politiques publiques, n'est soumise à aucun cadre législatif ou réglementaire. Sa légitimité repose sur la liberté d'initiative.
La finalité n'est pas le consensus, mais la possibilité d'expression, de confrontation des idées, des différences de point de vue. En cela, une démarche de prospective territoriale est une forme de stimulation du débat public et un instrument de démocratie participative. Elle participe à la réorganisation territoriale et à la montée de nouvelles formes de citoyenneté locale et de processus de participation à la décision publique.
Aussi, la prospective territoriale s'inscrit-elle dans un mouvement de fond, celui de l'émergence d'une démocratie participative qui contribue à une nouvelle gouvernance.
Elle emporte donc un changement culturel, une révolution des mentalités. C'est un chemin long et difficile, une aventure : mais ici, le chemin importe autant – davantage diront certains – que le but.

Annexes

Territoires en prospective

« Pays Basque 2010 » : une expérience aboutie

« Gestionnaires du présent, héritiers du passé, la démarche prospective nous aura permis de devenir architectes du futur, de notre futur ».
Peio Olhagaray

En effet, la démarche « Pays basque 2010 » entreprise en 1992 dans un contexte de tensions vives, de fortes incertitudes à l'égard de l'avenir, a permis aux différents acteurs de ce territoire de construire ensemble, en 1995 et 1996, un projet stratégique, puis un schéma d'aménagement ; et, sur ces bases, de contractualiser des programmes d'action à partir de l'année 1998.

Phase de réflexion prospective

Le processus a été initié par l'État. Étant donné la nature des enjeux, ce sont la DATAR et la Direction de l'aménagement urbain (DAU) du ministère de l'Équipement qui ont conjointement soutenu la mise en place du dispositif de prospective territoriale.
Lors du **séminaire de lancement**, en septembre 1992, un document intitulé « charte du Pays basque 2010 », remis aux participants traçait les perspectives techniques et politiques du questionnement à entreprendre.

Durant 18 mois, un travail intense et approfondi a été encadré par un prospectiviste expérimenté. D'emblée, se sont engagés les élus des collectivités locales, y compris du département et de la région, des membres des chambres consulaires, de l'agence de développement, des acteurs des champs économiques, sociaux, culturels, les représentants de l'État (rôle du sous-préfet). Ainsi des séminaires de 150 personnes – réunissant les représentants des divers intérêts du territoire dans leur diversité et leurs contradictions – ont scandé l'activité de quatre commissions centrées sur les problématiques jugées essentielles.

Cette mobilisation a donné lieu, au cours de 1993, à la publication :
– d'un **diagnostic partagé** par les participants ;
– puis, d'une **analyse structurelle** qui a permis de construire une représentation commune des enjeux du Pays basque.

Ce travail d'analyse a été effectué par :
– un groupe de travail « transversal » associant animateurs des travaux, groupe technique et comité de pilotage, chargé de recenser les variables ;
– des ateliers de prospective.

Au total, 55 variables susceptibles d'évoluer et de faire évoluer le Pays basque ont été retenues, puis regroupées par catégories et hiérarchisées. Les variables (apparentes ou cachées) les plus influentes, c'est-à-dire celles ayant la plus grande valeur explicative du système Pays basque, ont alors été mises en évidence.

L'analyse structurelle a ainsi opéré 4 classements :
– un classement direct, traduisant le passé proche (opinion d'experts) ;
– un classement indirect, rendant compte de la situation en cours ;

– un classement potentiel, traduisant l'influence des facteurs à l'horizon 2010 ;
– un classement potentiel/décisionnel, estimant le poids potentiel des décisions des acteurs.

En conclusion, les variables les plus influentes ont été ordonnées de la manière suivante :

1) Facteurs exerçant une influence déterminante et permanente
– l'attractivité de l'agglomération bayonnaise
– les sentiments d'appartenance au Pays basque
– le rôle et la place des jeunes dans la société basque
– les valeurs et aspirations des ruraux et des agriculteurs
– la capacité de décision des acteurs locaux

2) Facteur dont l'impact est croissant
– la coordination des politiques de développement Pays basque français / Pays basque espagnol.

3) Facteurs de ruptures potentielles
– le développement de l'enseignement supérieur au Pays basque ;
– l'émergence d'un bassin d'activités et d'échanges transfrontalier.

4) Variables à fort impact relevant de décisions à faire évoluer ou à concrétiser
– l'existence d'une connaissance et d'une vision partagée du Pays basque français ;
– la politique et les modalités de l'aménagement du territoire au Pays basque français ;
– l'évolution du rôle des institutions existantes.

5) Facteurs dont l'influence est décroissante
– le rôle du fond culturel basque ;
– les disparités du développement sur le territoire ;
– le poids du mouvement associatif dans la régulation.

À partir de ces variables tout un travail de combinaisons d'hypothèses a abouti à 6 scénarios globaux :

– **scénario 1, tendanciel** : territoire montrant une fragilité économique, une instabilité du système basque ;

– **scénario 2, concentration/crispation** : contexte de crise socio-économique, logique individualiste, pays intérieur dévitalisé dans le futur, concentration urbaine sur le littoral ;

Pays Basque 2010 : 2 scénarios

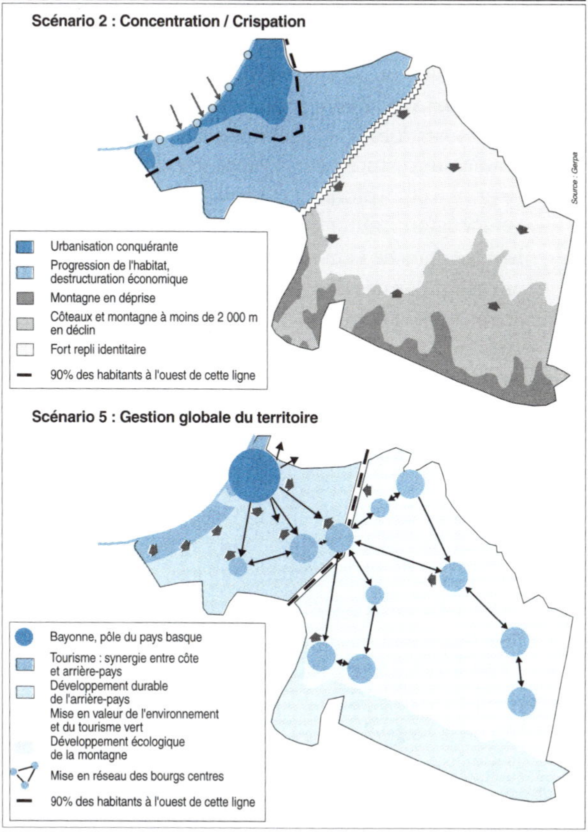

– **scénario 3, extension urbaine et indifférence généralisée** : politique de laisser-faire assez bien vécue, pays restant attractif, mais dans une indifférence générale ;
– **scénario 4, redéploiement dans les espaces ruraux** : déstructuration de l'urbain, renaissance du monde rural par la valorisation des espaces et des hommes ;
– **scénario 5, gestion globale du territoire** : politique volontariste promouvant le développement local et se traduisant par un renouveau du couplage intérieur / côte, des politiques en faveur des bourgs-centres, de l'image du Pays basque, mais freins des échanges transfrontaliers ;
– **scénario 6, eurorégion** : démarche volontariste des acteurs locaux / facteurs de développement (économie, ouverture, innovation, enseignement supérieur...) et volonté européenne de consolider l'eurorégion Aquitaine – Euskadi.

Les résultats de l'ensemble de la réflexion prospective ont été présentés devant un large auditoire, lors d'un forum, très officiel, réuni à Bayonne en décembre 1993.

Phase opérationnelle

Pour la mener à bien, **les acteurs locaux ont innové** en se dotant d'outils que l'on peut qualifier de pionniers à la date de leur mise en place :

D'une part, **un conseil de développement** – dont le projet apparaît dès février 1994 – est installé en juillet 1994 ; c'est le laboratoire d'idées, l'organe de propositions.

Ses 90 membres sont répartis en 5 collèges :
– activités économiques et sociales (30) ;
– enseignement supérieur, formation, culture (20) ;

– administrations (15) ;
– personnes qualifiées (10) ;
– élus (15).

D'autre part, **un conseil des élus**, est mis en place en février 1995. Il assure le portage politique du projet territorial.

Ses 65 membres réunissent :
– 36 représentants du Biltzar des communes (organisation historique qui regroupe toutes les communes du Pays basque) ;
– les conseillers généraux ;
– les conseillers régionaux ;
– les parlementaires : députés, sénateurs, députés européens.

À la demande du conseil des élus, et sur la base des travaux Pays basque 2010, le conseil de développement entreprend de préparer **un projet stratégique**, puis **un schéma d'aménagement et de développement du Pays basque**.

Ce schéma est élaboré avec le concours technique d'un bureau d'étude, au terme d'une intense mobilisation qui a duré 6 mois et s'achève en juin 1996. Inspiré du scénario 5 « gestion globale du territoire » il énonce deux axes forts : la nécessité de maintenir la cohésion interne du Pays basque et la volonté d'en faire un territoire ouvert et bien ancré dans son espace eurorégional.

Rédigé en deux langues, français et basque, il concrétise le passage de la réflexion à l'action ; il énonce les orientations et les grands principes à même de structurer le devenir du territoire, il explicite les objectifs et les programmes opérationnels. Il est ainsi un guide de l'action publique, qui reste souple et évolutif pour s'ajuster régulièrement aux défis que le territoire devra affronter.

Il ne relève pas d'une procédure type, normalisée. Ses finalités et son contenu se sont clarifiés au fur et à mesure. Il n'a pas de portée juridique, mais sa légitimité est forte car elle repose sur le volontariat, la mobilisation durable des acteurs. Son élaboration s'est faite de façon collective et non seulement technique. Il a impliqué des acteurs institutionnels, associatifs, la société civile locale. Il reflète la diversité de ces expressions et le parti pris d'une stratégie affirmée d'aménagement et de développement.

Le schéma a été validé par les deux conseils en mars 1997, peu après la constatation du pays « Pays basque » (en application de la loi d'orientation pour l'aménagement et le développement du territoire du 4 février 1995) par arrêté préfectoral, fin janvier 1997.

Une convention de développement (1997)

La mise en œuvre de ce schéma a été rendue possible par une convention de développement décidée par le Comité Interministériel d'Aménagement et de Développement du Territoire (CIADT) du 15 décembre 1997 fixant les engagements financiers de l'État pour 1998 et 1999 dans 5 domaines d'intervention, afin d'assurer la transition avec le futur contrat de plan.

Une convention spécifique du Pays basque (2000)

C'est toujours le schéma d'aménagement qui sous-tend la convention spécifique du Pays basque (plutôt qu'un contrat de pays) signée en décembre 2000 dans le cadre du volet territorial du contrat de plan État-Région (2000-2006) par l'État, la région Aquitaine, le département des Pyrénées Atlantiques et le Conseil des élus basques.

La convention porte sur 9 thèmes déclinés en 70 opérations, dont des infrastructures routières, des actions en matière culturelle, d'environnement... mais aussi la reconnaissance de l'Eurocité Saint-Sébastien – Bayonne (avec des projets comme le tram-train transfrontalier, les collaborations scientifique (CNRS – Etniker), économique (technopoles Bidart et Miramon), sanitaire, (hôpitaux Bayonne et Saint-Sébastien...)
En cette terre de rugby, l'essai a été transformé !
L'antériorité de l'expérience basque par rapport aux dispositions de la LOADDT (25 juin 1999) lui donne un statut de pionnier. Il lui reste à maintenir cette dynamique dans la durée et à surmonter les tensions récurrentes, de nature institutionnelle, qui sont toujours susceptibles d'enrayer les dispositifs de mise en œuvre du projet global.

Source : *Pays basque 2010*, Étude pour la DATAR du GERPA, François Bourse, 1994.

Limousin 2017, une recherche persévérante

« Pour tout savoir sur le Limousin, son histoire, ses dynamiques, ses potentiels, ses handicaps, et les 17 ans à venir, il faut lire le rapport général Limousin 2017, issu des travaux prospectifs engagés conjointement par l'État et la région (...).

Cet ouvrage restitue donc le travail de prospective réalisé dans le Limousin en 1997. Mais il s'inscrit dans une démarche plus large, qui a débuté en 1987, Limousin 2007. Le lendemain des premières élections régionales, la prise en main par des élus locaux du destin régional et de la transformation du rôle de l'État étaient alors un moment propice à ce genre d'exercice. D'emblée, la démarche prospective devait participer à l'élaboration d'une politique régionale.

En 1997, est apparue la nécessité de prolonger cette démarche par un nouveau travail de prospective : Limousin 2017.

Le choix d'une année 7 témoigne d'ailleurs de l'importance accordée à la démarche plutôt qu'à la définition d'un horizon. Le travail se focalise sur le chemin de 20 ans qui est à parcourir, sur les transformations qu'une génération peut réaliser, et sur les instruments de l'action.

La démarche retenue a donc consisté à associer des acteurs locaux (250 personnalités issues du monde économique et syndical, et de la société limousine), et à leur proposer de participer à une analyse prospective de leur territoire.

Dans un premier temps, il s'agissait d'établir un diagnostic de la région, prenant en compte les résultats de Limousin 2007. Le deuxième temps à consisté à mettre en perspective ces résultats avec l'avenir de la région et à évaluer ses marges de manœuvre. Enfin, un troisième temps a permis de rechercher les chemins possibles d'accès au développement. Toute cette démarche s'est réalisée à travers le rassemblement de 19 groupes de travail, des auditions d'experts et la réalisation d'études. Au total, le travail aura duré deux ans, et s'est achevé fin 1999 ».

Le diagnostic souligne deux caractéristiques :

« D'une part, on constate que le Limousin est un espace fortement différencié. De forts déséquilibres séparent un Est, vieillissant et peu dense, de la partie ouest, plus jeune et dynamique (...).

D'autre part, le bilan semble montrer que l'un des plus importants handicaps de la région est certainement d'ordre psycho-sociologique : les Limousins ne croient pas en l'avenir de leur territoire. Les entretiens de jeunes (qui ne constituaient pas une population d'acteurs privilégiée) révèlent des comportements qui se tournent d'emblée vers l'extérieur de la région. Dans ces conditions, l'exercice prospectif mis en place trouve une autre forme de pertinence : il s'agit de définir un projet commun qui redonne confiance aux habitants de la région.

Ce constat permet de dégager des éléments de prospective pour le Limousin. À partir de quelques tendances lourdes (dégénérescence du modèle taylorien, développement d'une économie relationnelle, contribution des territoires à leur propre pérennité), la réflexion s'engage sur les futurs possibles du Limousin (...).

Puisque le développement ne dépend plus des ressources naturelles offertes par les dieux, ni des orientations d'une politique de décentralisation industrielle, c'est la valorisation des atouts régionaux par la population locale qui en devient l'enjeu.

Sur la base de ce constat plutôt positif, les auteurs bâtissent des scénarios qui s'appuient sur un cadre macro-économique et géopolitique. Ils en déduisent quelques propositions qui permettent de redonner de la vigueur aux activités régionales et de trouver de nouveaux vecteurs de dynamisme. Cette analyse permet de comprendre les chemins qui s'ouvrent à des régions enclavées et que l'on a cru rester définitivement à l'écart des jeux de l'économie.
Le rapport propose d'ailleurs un certain nombre de voies de développement : s'ouvrir au commerce extérieur, favoriser le développement endogène et l'accueil des immigrants sont autant d'issues envisagées pour que le Limousin sorte de sa léthargie.
Mais l'ouvrage reste silencieux sur les modalités concrètes de mise en œuvre politique (...) [il] ne jette pas de ponts entre les objectifs qu'il définit et les mesures qui pourraient être prises et se décliner aussi bien dans un schéma régional d'aménagement, que dans l'ensemble des procédures contractuelles, ou dans les documents uniques de programmation destinés à assurer la cohérence de la politique régionale communautaire. Il manque la proposition de stratégies d'action qui prennent en compte l'action publique (...) ».
Source : Christel Alvergne, *Futuribles*, n° 258, novembre 2000
Futuribles - 55 rue de Varenne - 75341 Paris Cédex 07
Tél : 33 (01) 53 63 37 71 – Fax 33 (01) 42 22 65 54
http : //www.futuribles.com

La Wallonie au futur : une prospective issue de la société civile

Au départ, un constat alarmant

« Dénonçant le peuple wallon comme un peuple vieilli, l'historien Léopold Genicot, en 1987, estimait que la classe politique wallonne ne nourrissait plus aucune perspective et « n'avait surtout pas le sens prospectif, la faculté de se projeter dans l'avenir, d'imaginer et de préparer celui-ci ». La Wallonie avait en effet connu peu de pratique et même peu de diffusion de la méthode ou de la culture de la prospective. La préoccupation semblait, avant tout, non gouvernementale ».

Un cheminement intellectuel rarement usité

« En Wallonie, une volonté de renouveau culturel wallon a précédé la dynamique de relance économique. Cette volonté s'est notamment exprimée au travers de la revue W'allons-nous ? Une forte interpellation du monde politique par le monde culturel en a découlé, notamment lors d'un colloque de l'Institut Jules-Destrée tenu à Liège en mars 1983, *Culture et politique*. Cette interpellation était d'autant plus porteuse de sens que la culture ne constituait pas – et ne constitue toujours pas – une compétence régionale. Sur le moment, l'écrivain hennuyer Jean Louvet a

bien exprimé cette demande : « si vous, hommes et femmes politiques, vous voulez prendre à bras le corps cette région et la sortir de l'ornière, je ne crois pas que vous y réussirez uniquement par le phénomène économique. Si vous ne lancez pas avec nous un projet culturel, vous n'y arriverez pas. J'en suis certain. C'est comme si c'était fait. Cela n'existe nulle part au monde ». Ce colloque a deux suites importantes. D'une part, la réflexion sur le rapport entre la culture et l'économie dans l'espace wallon va déboucher sur le manifeste pour la culture wallonne. D'autre part, l'idée émerge, en parallèle, de prolonger les travaux de mars 1983 en demandant à l'Institut Jules-Destrée d'organiser des assises culturelles de Wallonie, qui compléteraient les volets économiques et politiques wallons (...).
L'idée de base d'un grand congrès culturel créant une convergence entre économie et culture est élaborée à partir de novembre 1985 par une petite équipe animée par l'ancien ministre Robert Moreau, président de la section de Charleroi de l'Institut Jules-Destrée. Le premier titre en est *Culture, Wallonie, en 2000*, et l'enjeu porte sur la place et la fonction de la culture dans la société wallonne de l'an 2000 (...).
La date du congrès est fixée à octobre 1987 et les motivations en sont précisées. Au-delà de la nécessité de faire face et d'accompagner, dans tous les domaines, la révolution informatique qui y est largement décrite, il s'agit de mobiliser tous les acteurs de la société wallonne dans le cadre d'un projet commun. Aucun moyen financier n'a été accordé à cette démarche, ni par la Région wallonne, ni par la Communauté française. La ville de Charleroi ainsi que la province de Hainaut apportent toutefois des appuis

utiles en secrétariat matériel et impression de documents.
Depuis 1987, Michel Quévit donne son titre définitif à l'exercice : la Wallonie au futur, vers un nouveau paradigme.
Pour Michel Quévit, trois raisons fondent la réflexion qui doit s'ouvrir sur l'avenir de la Wallonie. D'abord le constat que, dans cette région qui a été le siège de la première révolution industrielle, la présente mutation n'émerge pas spontanément.
Ensuite l'ouverture du grand marché unifié européen à l'horizon 1992 et la place que doit assumer la Wallonie dans ce nouvel espace. Enfin, Michel Quévit pose la question de la société wallonne en devenir entre ses volontés d'enracinement et d'universalité ».

Une mobilisation dans la diversité

« Les 17 et 18 octobre 1987, plus de quatre cents personnalités appartenant à des horizons culturels, philosophiques et politiques différents se réunissent dans le grand auditoire de l'université de travail à Charleroi – lieu symbolique pour la Wallonie puisque, soixante-quinze ans auparavant presque jour pour jour, Jules Destrée y avait réuni l'assemblée wallonne, sorte de Shadow Parliament affirmant l'existence démocratique de la Wallonie. Les travaux qui s'y ouvrent en 1987 ont clairement comme objectif (...) d'une part, de dégager les enjeux que la Wallonie va être amenée à rencontrer dans un avenir proche et, d'autre, part, de dessiner des pistes d'actions destinées à alimenter les lignes politiques dans la région. Les deux grands carrefours organisés en ouverture de la démarche expriment bien la préoccupation du rapporteur général de mettre l'accent sur les interactions entre les divers champs qui constituent la vie en société ainsi que sur le décloisonnement des politiques. Le premier carrefour articule l'économie et la culture, tandis que le second met en évidence les rapports entre la technologie, la formation et la vie en société.

Quatorze ateliers spécialisés sont ensuite organisés pour débattre, sur la base de textes déposés par écrit, des thèmes suivants :

- le devenir économique de la Wallonie ;
- le développement de la recherche et des technologies ;
- l'avenir de l'enseignement ;
- les nouvelles valeurs et l'identité culturelle dans la société wallonne ;
- les politiques culturelles et interculturelles ;
- les pratiques culturelles ;
- le patrimoine culturel et la mémoire collective ;
- l'enjeu des médias et des industries culturelles ;
- emploi, travail et solidarité ;
- le logement, la santé et le cadre de vie ;
- l'agriculture et le développement rural ;
- la Wallonie dans l'Europe et le monde ;
- les relations sociales ».

Des modalités originales

Les grands rendez-vous : 1er congrès en 1987, 2e congrès en 1991, 3e congrès en 1995 et 4e congrès en 1998.

« Mesurer la pratique de la prospective dans les congrès la Wallonie au futur constitue un exercice difficile. Même s'il est permis de parler de démarche

prospective structurée, plus opérationnelle qu'observatoire, la démarche s'inscrit assurément davantage dans l'image du prospectiviste « indiscipliné » chère au professeur Michel Godet.
Ce qui est manifeste, c'est que le congrès la Wallonie au futur a joué la cohésion et la participation sociétale – voire citoyenne – sur des enjeux forts et mobilisateurs. Ainsi, comme aurait pu le qualifier Hugues de Jouvenel, le premier exercice fut avant tout « domaine de liberté » : appel à collaboration, dépôt de papiers, carrefours puis ateliers de débats, avec synthèses partielles et rapport général. Le second congrès fut emporté par la vigueur des échanges sur le défi de l'éducation. La conférence-consensus représenta un modèle de méthodologie et de pédagogie sur un sujet des plus pointus. Le congrès sur le Livre blanc fut tellement technique que peu mobilisateur pour ceux qui n'étaient pas économistes. Quant au quatrième exercice, partant de l'évaluation et multipliant les approches – enquêtes – questionnaires – interviews – il fut mobilisateur et très (trop) interpellateur du politique, l'interlocuteur société civile étant véritablement dopé par les enjeux et par la place que le congrès lui avait octroyée.
La prospective formelle fut-elle absente de la démarche ? Certes pas. Elle paraît cependant s'être jouée en arrière-plan et de manière assez chaotique. Cela explique pourquoi, dès l'ouverture du quatrième congrès et par la voix de son président Jean-Pol Demacq, l'Institut Jules-Destrée en a appelé à une formalisation – voire à une systématisation – de la prospective par la mise en place de manière structurelle, d'un centre indépendant de prospective pour la société wallonne, en l'inscrivant dans le réseau euro-

péen et nord-américain de visions prospectives et futuribles ».

Conclusion… partielle

« Sous l'angle de la décision publique et même dans sa forme embryonnaire, l'apport de la prospective à la Wallonie a été manifeste. Sous l'angle de la prospective territoriale, l'originalité des congrès la Wallonie au futur est réelle, particulièrement en matière de pédagogie du futur et de concertation.

Ainsi, contrairement au modèle pertinemment décrit par Fabienne Goux-Baudiment à partir des régions françaises, il n'y a pas eu ici d'implication forte d'un élu ou d'une institution dans l'exercice, ni dans la conception, ni dans la mise en œuvre. Toutefois, face à une large participation des acteurs des trois sphères que sont l'État, les entreprises et la société civile organisée, tous les ministres – présidents de la région Wallonie – de 1986 à nos jours – ainsi que de nombreux grands décideurs, ont accepté de s'impliquer résolument dans le rôle « d'interpellés » et de rester profondément attentifs à une démarche menée indépendamment de leur gouvernement.

Ainsi, ces ministres – présidents avaient-ils sans doute en tête la formule de Gaston Berger rappelée par le premier d'entre eux au congrès de 1987 : demain ne sera pas comme hier, il sera nouveau et dépendra de nous ».

Source : D'après Philippe Destatte, *Territoires 2020, Revue d'études et de prospective* n° 3, 1er semestre 2001.

Images du futur : des esquisses de la France en 2015

Le texte ci-dessous est extrait d'un ouvrage rédigé en 1993 – dans un contexte de crise économique – à partir des travaux accomplis durant la première phase du programme DATAR « Prospective et Territoires ».
Les images, possibles, du territoire français qui étaient présentées évaluaient les effets des différentes options d'aménagement, questionnant ainsi les choix stratégiques à effectuer au moment où les contrats de plan 1994-1998 étaient en préparation. Il s'agissait d'éclairer les avenirs possibles et d'animer le débat sur les politiques à mener.
« Les mutations économiques du monde contemporain, observées jusqu'ici, ont permis d'identifier les tendances d'évolution du territoire français. Elles comportent leurs risques, leurs dangers mais aussi leurs atouts. Rien ne semble totalement inéluctable et divers « possibles » restent envisageables, selon les combinaisons de forces qui vont agir sur l'espace dans un futur plus ou moins proche. *Aucun déterminisme ne permet de dessiner une image unique des territoires du futur.* Des marges d'incertitude subsistent sur plusieurs variables importantes :
– le taux de croissance global ;
– le degré d'intégration de la France dans l'Europe (dont les contours ne sont d'ailleurs pas, eux non plus, complètement déterminés) ;
– le niveau et les formes d'implication de l'État dans l'aménagement du territoire ;
– la répartition des compétences entre les administrations nationales, les collectivités locales et les institutions européennes ;

– le contenu et la vigueur de la demande sociale en matière d'espace et de qualité de vie.

On ne doit même pas écarter complètement l'hypothèse de rupture dans les tendances repérées : un certain retour à la dispersion des activités, à l'inverse de la métropolisation actuelle, dans le cas d'une évolution particulière des systèmes de production, et une transformation des préférences en matière d'habitat et d'utilisation du temps.

Ces marges de manœuvre et ces incertitudes permettent en définitive de construire des images contrastées du territoire français à divers horizons du futur. Nous avons privilégié trois dimensions essentielles :

– une dimension géographique : l'option entre des « choix » et des structures de localisation déterminant la concentration ou au contraire la dispersion du peuplement ;

– une dimension politique : la mise en œuvre, ou non, de politiques volontaristes d'environnement et d'aménagement à l'échelle française ou européenne ;

– une dimension économique : croissance économique forte ou faible, mode de régulation assurant un équilibre entre consommation et production.

La combinaison de ces trois dimensions conduit à proposer six images contrastées qui nous semblent les plus représentatives de futurs possibles du territoire français. Elles n'épuisent pas toutes les hypothèses et cherchent même, éventuellement, à susciter d'autres constructions (...).

Les six images ainsi présentées peuvent être regroupées en deux ensembles relativement différents.

Les trois premières partent d'une hypothèse réaliste à court terme, d'un maintien des grandes structures de la société actuelle, en France comme en Europe, et cherchent à construire des représentations du territoire qui ne bouleverseront pas les schémas actuels mais varieront selon le taux de croissance de l'économie, c'est-à-dire l'ampleur plus ou moins grande des moyens d'action sur le territoire, et selon les choix des gouvernements, entre un « laisser-aller néo-libéral » et un « néo-interventionnisme modernisé ».

La concentration sur les grandes métropoles, à l'échelle de l'Europe, dans un contexte de croissance soutenue sans intervention forte de l'État, donne la première image, *« Métropolis »*. Une variante plus interventionniste et moderniste renforce, à l'échelle du territoire français et de celui de l'Europe, les vocations géographiques de chaque espace grâce à la mise en œuvre d'instruments importants de planification et de redistribution économique : c'est la deuxième image, un *« système urbain équilibré »*. À l'inverse, en prolongeant la crise économique actuelle et en prévoyant une stagnation de la construction européenne, avec un recentrage sur la France des politiques d'aménagement et une dualisation mal maîtrisée de l'espace, on arrive à la troisième image d'un *« territoire à deux vitesses »*.

Les trois autres images proposées partent, au contraire, de l'hypothèse, sur le long terme, d'un changement plus radical de la société, dans ses structures et ses rapports avec le territoire. On peut imaginer quels seraient les grands traits de celui-ci dans un système socio-économique fondé sur des PME et une dispersion non structurée des activités et de l'habitat ; on peut évoquer le nouveau visage d'un territoire où l'autonomisation progressive des grandes régions à l'échelle de l'Europe s'accompagnerait d'un certain éclatement de l'espace national français sous la pression de fortes tendances centrifuges ; on peut rechercher les voies et conséquences d'une priorité plus radicale accordée à l'environnement et à la défense du patrimoine territorial.

La quatrième image suppose une autonomisation des grandes régions à l'échelle de l'Europe, c'est la « *fédération européenne des régions* ». La cinquième image présente un territoire affecté par une dispersion non structurée des activités et de l'habitat sur d'importantes parties du territoire avec un système de production organisé autour de PME innovantes fonctionnant en réseau et une forte compétition entre collectivités locales sans intervention de l'État : c'est « *Suburbia* ». Enfin, une organisation de la dispersion autour des métropoles et des villes moyennes articulées en réseaux préside à la sixième image : le polycentrisme hiérarchisé privilégie un type de développement soutenable à long terme, conciliable avec la défense de l'environnement et du patrimoine ; c'est un « *territoire patrimonial* ».

Source : *Les territoires du futur*, François Ascher, Aliette Delamarre, Guy Loinger, Michel Rochefort, Alain de Romefort, Jacques Theys, Serge Wachter, DATAR/ed. de l'Aube, 1993.

« Aménager la France de 2020 » : le choix d'une orientation

En diffusant « Aménager la France de 2020 » la DATAR a souhaité susciter la réflexion des acteurs territoriaux et des citoyens autour de la représentation de différents futurs possibles.

Renouvelant la démarche intellectuelle mise en œuvre pour les « Territoires du futur » à la lumière de nouveaux travaux de recherche et de prospective thématique, quatre scénarios ont été construits. Ils sont principalement fondés sur la mise en relation des dynamiques spatiales et des modes d'organisation de l'action publique.

Il en résulte des perspectives contrastées, mais également réalistes, parmi lesquelles la DATAR fait le choix de l'organisation polycentrique ; au nom de l'équité, du réalisme et de la cohérence des politiques à l'échelle européenne.

Faisant suite à une analyse des enjeux déterminants pour l'avenir, des tensions à l'œuvre et des retournements qu'elles peuvent induire, quatre scénarios exploratoires sont présentés. Ils exposent les implications des choix d'action publique possibles sur les dynamiques spatiales et sur les grands traits de l'organisation du territoire.

Un premier scénario, celui de « l'archipel éclaté », est caractérisé par un territoire où s'opposent des villes dynamiques, économiquement performantes, internationalement compétitives et des territoires marginalisés.

L'action de l'État consiste prioritairement à assurer des cadres favorables au développement du marché.

Au fil du temps il doit venir en aide, sans réels succès, aux territoires en difficultés, à l'écart des dynamiques prépondérantes qui, dans ce modèle, ne sont pas pris en charge par des solidarités territoriales.

Un deuxième scénario, celui du « centralisme rénové », met en scène un État légitimé dans sa volonté de conserver un rôle prééminent au nom des enjeux de solidarité nationale, de cohésion territoriale, voire de protection environnementale dans un contexte d'intégration européenne mesurée. L'aménagement du territoire incarne ce volontarisme, les initiatives locales sont fermement encadrées sans pour autant revenir sur les principes de décentralisation. Les interventions des pouvoirs publics, de type principalement allocatif, ont pour fonction d'intégrer les espaces en retard de développement selon un schéma qui doit encore beaucoup au modèle centre/périphérie.

Un troisième scénario, « le local différencié », présente l'image d'un territoire où les initiatives créatrices de valeurs économiques et socioculturelles se sont multipliées aux échelons décentralisés donnant forme à de très nombreuses entités hétérogènes tissant entre elles des liens de coopération sur des projets thématiques.

Faute d'avoir anticipé et fixé des règles du jeu, l'État se retrouve en position de médiateur dans les conflits qui opposent ces territoires. Il s'efforce de tempérer les déséquilibres et de garantir l'accès de l'ensemble des citoyens aux services publics. Il se trouve obligé de réinventer son rôle, dans le sens d'une plus grande flexibilité, pour réintroduire une cohérence d'ensemble.

Un quatrième scénario, « le polycentrisme maillé » mise sur la recomposition des territoires et la redéfinition des missions de la puissance publique.
Les dynamiques territoriales reposent, d'une part, sur des démarches participatives au sein de territoires de projet : agglomérations, pays, parcs naturels régionaux, et, d'autre part, sur des coopérations inventives entre villes et régions, autour d'enjeux de portée interrégionale à l'échelle des grands bassins de peuplement.
La structuration simultanée des mailles du niveau micro-territorial et des pôles du niveau macro-territorial réalise une intégration du territoire qui le renforce au sein d'une Europe qui a également fait le choix du polycentrisme.
L'État privilégie une adaptation des politiques publiques aux territoires vécus et aux espaces à enjeux, mais surtout s'engage dans des stratégies mesurées de différenciation territoriale appuyées sur une conception renouvelée de « l'équilibre territorial ».

Source : DATAR, *Aménager la France de 2020*, ed. Documentation française, 1ère édition juillet 2001, nouvelle édition janvier 2002.

Maîtres d'ouvrage de prospective territoriale

La DATAR et la prospective territoriale : une histoire longue

Cette relation est identifiée à partir de la publication en 1971 du document intitulé « Une image de la France en l'an 2000, le scénario de l'inacceptable ». L'image du territoire national ainsi produite résultait de la construction, par un groupe d'experts, de scientifiques, d'un scénario tendanciel jugé très plausible. Schématiquement, elle opposait des espaces fortement intégrés à l'Europe – comportant de vastes zones de polarisation et de plus petits foyers dynamiques – à des larges portions de territoires délaissés – situés surtout à l'ouest et au centre – qui seraient nécessairement tributaires des soutiens financiers de l'État.

En diffusant cette image choc d'une France divisée, il s'agissait d'interpeller le politique et de provoquer les réactions susceptibles d'éviter la réalisation du scénario redouté. Alerter, pour mobiliser et déclencher le sursaut indispensable.

L'impact laissé par cette représentation dans la mémoire collective des aménageurs a été d'autant plus marqué qu'il faut attendre la décennie 90 pour qu'apparaissent de nouveaux travaux d'envergure.

Avec la programmation décidée en CIAT, en 1990, de « Prospective et Territoires » (1990-95) s'ouvre une période riche en réflexions prospectives, sous la conduite de Jean-Louis Guigou, en qualité successivement de Directeur puis de Délégué à la DATAR.

La prospective territoriale y est abordée de trois manières.

1) « Les 7 grands chantiers » lui offrent un cadre d'application profondément nouveau :

– nouveau par l'échelle interrégionale adoptée ;

– nouveau par la volonté d'ouverture européenne qui inspire la démarche ;

– nouveau par la mission d'animation prospective qui est ainsi confiée à des personnes indépendantes tant des structures de l'État que des collectivités territoriales et qui travaillent avec une grande liberté d'initiatives et de méthodes ;

– nouveau par la finalité de l'exercice : car il s'agit non seulement de produire des images prospectives des espaces des grands chantiers, de mobiliser les acteurs de l'aménagement autour des enjeux identifiés, mais encore de repérer des projets qui prennent sens à l'échelle interrégionale et susceptibles de s'inscrire dans les procédures d'aménagement en cours (chartes d'objectifs, réseaux de villes, schémas régionaux de l'enseignement supérieur, livres blancs de la recherche et de la technologie).

Les périmètres – question toujours délicate, même lorsqu'ils sont explicitement flous – ont été modifiés en cours d'exercice, et le nombre des chantiers ramené à six. Les grands chantiers Bassin parisien, Façade atlantique, Grand Nord, et Grand Est ont conservé leurs périmètres initiaux, tandis que le Centre Est et le Midi-Méditerranée se sont substitués aux chantiers Espace central, Saône Rhône, Grand Sud.

Le succès fut au rendez-vous, même si la dimension à certains égards subversive de cette entreprise a suscité des blocages qui ont retardé le plein usage de ses apports.

2) L'autre composante du programme « Prospective et Territoires » traite principalement de sujets relevant de la prospective sectorielle (transports, NTIC,...) ou thématique (villes, institutions,...) Cependant, les deux grandes façades maritimes font l'objet de groupes spécifiques, qui se consacrent à la prospective territoriale de ces ensembles géographiques. Ce faisant, la DATAR s'inscrivait dans les cadres tracés par le programme d'études « Europe 2000 » de la Commission européenne.

Le groupe « Devenir de la façade atlantique » a ainsi développé les bases « d'une stratégie autour d'un espace – projet atlantique » dans des études synthétisées par « Destins atlantiques » (1993). Tandis que les « scénarios de l'avenir méditerranéen » ont été exposés dans « La méditerranée inquiète » (1993). L'un et l'autre ont évidemment alimenté en études, et enrichi, les deux grands chantiers correspondants.

3) Avec la création, fin 1992, d'un groupe de rédaction en partie interne à la DATAR, celle-ci renoue avec la construction de représentations du territoire national : ce sont les « images du futur » conçues dans une perspective exploratoire, pour faire débattre et réagir (*cf.* page 79)

La publication en 1996 des « Régions au futur » établit le lien nécessaire entre ces diverses réflexions.

Du fait des apports tout récents du précédent, le deuxième programme « Prospective et Territoires » (1996-98) ne comporte pas de commandes de prospective territoriale. Cependant, il en est saisi de manière indirecte.

Après la création des « pays » par la loi d'orientation pour l'aménagement et le développement du territoire de 1995, décider de réfléchir « au territoire comme organisation » c'est travailler sur une dimension importante de la démarche de projet territorial, s'intéresser au système local d'acteurs, à la construction d'une action collective : autant de contributions à tout exercice de prospective conduit aux échelles moyennes.

Dans le programme en cours, « Territoires 2020 » (2000-2002) la mission fixée au groupe « prospective territoriale et action publique » est ambitieuse.

Celui-ci doit, d'une part, mettre en perspective les diverses méthodes utilisées en illustrant les partis que l'on peut en tirer, et d'autre part, explorer les différents types de liens assurant (ou qui devraient assurer) l'articulation entre prospective et action publique.

Simultanément, la définition progressive à partir de 1998 du rôle des Missions interministérielles et interrégionales d'aménagement du territoire (MIIAT), redonne une actualité, et des perspectives, à la réflexion prospective d'échelle interrégionale. L'horizon fixé est 2020, à l'image des Schémas de services collectifs. Toutefois, il ne s'agit pas de prospective territoriale au sens strict du terme, mais de prospective s'appliquant à des enjeux territoriaux de portée interrégionale (cf. *Les coopérations interrégionales*, DATAR, collection Territoires en mouvement, 2002).

Grandes études prospectives de territoires régionaux

Les informations réunies dans ce tableau ont été collectées, pour le compte de la DATAR, lors d'une enquête effectuée au printemps 2002 par le bureau d'étude Proactivité-Conseil.

Région	Initiative prise par :	Co-partenaires signalés
Alsace « Alsace 2005 » (1993-1995) »	Conseil régional	Association de prospective rhénane
Aquitaine « Les ambitions de l'Aquitaine face au troisième millénaire » (1992)	Conseil régional	
« Aquitaine, Prospective 2005 » (1992)	Conseil régional	Comité d'expansion Observatoire des Phénomènes du futur créé par la Région
Bourgogne « Analyse territoriale : horizon 2010 » (1999)	Conseil régional	
Bretagne « Les enjeux du développement breton » (mai 1992)	Conseil régional	Cabinet BIPE
« Etude prospective sur l'attractivité des territoires bretons » (villes, fonctions, réseaux) (1998)	Conseil régional	Cabinet TETRA et Œil
« Etude prospective sur la compétitivité de la Bretagne » (1998)	Conseil régional	Cabinet BIPE
« Méthodes et premières orientations du conseil régional de Bretagne pour le contrat de plan 2000-2006 » et « Prospective démographique à l'horizon 2020 »(1998)	Section prospective du CESR	Comité économique et social régional + INSEE
« La Bretagne en l'an 2020, diagnostic et tendances prospectives » (2000)	Conseil régional	
Centre « Pour une Région Majeure » (1992)	Conseil régional	
« Région Centre : Quels scénarios à l'horizon 2020 » Projet régional 2000-2010 (octobre 2001)	Section prospective du CESR	Membres du Conseil régional
« Scénario de développement équilibré du Bassin parisien » (Livre Blanc du Bassin Parisien Datar, octobre 2001)	Région	En collaboration avec sept autres régions du Bassin parisien

Franche-Comté « Franche-Comté 2005 » (1993) « Franche-Comté 2015 » (1999)	 Conseil régional Conseil régional	
Île-de-France « Le devenir de l'Ile-de-France à l'horizon 2025 » (septembre 1995) « Vivre en Ile de France en 2025 » (juin 1999)	 CESR CESR	 Section de prospective du CESR
Languedoc-Roussillon « Languedoc-Roussillon, stratégie 2000 » (1991)	 Conseil régional	
Limousin « Limousin 2007 » (1987) « Limousin 2017 » (2000)	 Conseil régional Conseil régional	 Préfecture de région Préfecture de région Cabinets BIPE, Arthur Andersen, Progective, INSEE
Lorraine « Lorraine 2003 » (1993) « Quelles ambitions à long terme pour les lorrains ? » (décembre 1998) « Les chemins du possible de la Lorraine à l'horizon 2018 » (mars 1999)	 CESR CESR CESR	 Section de prospective du CESR Cabinets GERPA, GEISTEL Section de prospective du CESR Cabinet GEISTEL Section de prospective du CESR Cabinet GEISTEL
Midi-Pyrénées « Les chemins de 2010 » (1993-94) « Les desseins de 2030, une perspective pour les habitants de Midi-Pyrénées » (septembre 1998)	 Préfecture de région Conseil régional CESR	 Section de prospective du CESR + experts
Nord-Pas-de-Calais « Le Nord-Pas-de-Calais en 2010 » (1990) « Nord-Pas-de-Calais, trois scénarios pour demain » (1990) « Bilan de 25 ans d'aménagement et de développement en Nord-Pas-de-Calais » volume 1 : la fin de l'exception nordiste, volume 2 : éléments pour un débat (décembre 1998) « Nord-Pas-de-Calais 2020, les figures d'un possible » (avril 1999)	 Conseil régional Conseil régional Conseil régional CESR	 Expert Cabinet 3 IN Observatoire régional de l'habitat et de l'aménagement, cabinets TETRA, LATTS, CETE Nord-Picardie

Haute- Normandie « Drakar 2000 » (1987-88) « Les Normands à la conquête de leur futur :opération 1000 jours pour les années 2000-2015 »	 CESR CESR	 Experts Cabinet G. Demuth
Pays de la Loire « Pays de la Loire 2010 » (juin 1999) « Pays de la Loire 2003-2015 » (1992)	 Conseil régional Conseil régional	 Préfecture de Région
Picardie « Picardie 2015, étude économique prospective » (1998) « Picardie 2015, étude prospective » (juin 1999)	 CESR Conseil régional	 Services de la Région Services de la Région
Poitou-Charentes « Poitou-Charentes 2020 : du diagnostic aux chemins du possible » (juin 1998) « Projet régional Poitou-Charentes 2010 » (juin 1999)	 Conseil régional Conseil régional	 Collège de Prospective Cabinets TEN et GEISTEL
Provence – Alpes - Côte d'Azur « La région PACA 2015-2020 » « PACA, notre région à inventer » (mars 1999)	 CESR Conseil régional	 Services de la Région et experts extérieurs
Rhône-Alpes « Rhône- Alpes prospective » (1988) « Proposition pour un schéma régional Rhône-Alpes »	 Préfet de Région et Conseil régional Conseil régional	 Club régional de prospective de Grenoble, cabinet TEN

N.B. Sont absentes du tableau, les régions n'ayant pas communiqué de réponse à la date de mise sous presse de cet ouvrage.

En termes d'organisation, diverses modalités ont été choisies pour promouvoir ou accompagner les démarches prospectives :

En Alsace :

– une Direction de l'animation et de l'aménagement durable des territoires (DAADT)

En Bretagne :

– un service études et planification à la Région ;
– une section prospective au CESR.

Dans le Centre :
– une Direction études et prospective à la Région
– une section prospective au CESR.
En Franche-Comté :
– la Direction de l'aménagement du territoire, le service de l'organisation des formations et la mission sur les questions transfrontalières de la Région se partagent la tâche.
En Lorraine :
– une section prospective au CESR.
En Midi Pyrénées :
– une section prospective au CESR.
Dans le Nord-Pas-de-Calais :
– une Mission prospective à la Région.
En Pays de la Loire :
– une Mission prospective et évaluation au sein de la Direction aménagement du territoire de la Région.
En Picardie :
– une Délégation au plan, à la prospective et à l'évaluation, rattachée à la Direction générale des services.
En Poitou-Charentes :
– un Collège régional de prospective.
– une Délégation à la prospective au sein des services régionaux.
En Provence-Alpes-Côte d'Azur :
– une Mission prospective rattachée au cabinet et au Directeur général des services.

L'ingénierie prospective de la région Poitou-Charentes

Située au centre-ouest de la France et au cœur de l'arc atlantique français et européen, la région Poitou-Charentes a investi dans une démarche prospective et stratégique, tant au niveau infra que supra – régional, dès le début des années 90.

Le dispositif original conçu dans cette région a été initié par le président du conseil régional, Jean-Pierre Raffarin, soucieux de faire face aux défis rencontrés par son territoire et d'en préparer les perspectives d'avenir (contrat de plan, projet, schéma régional,...). Il a été mis en place de manière progressive et pragmatique.

À l'origine, deux démarches concomitantes sont entreprises :

- En 1990, un premier exercice prospectif « Poitou-Charentes 2000 » est effectué avec l'aide d'un consultant. Il servira de base au projet régional.
- Parallèlement, en 1991, un collège régional de prospective, présidé par Bernard Brunhes, est créé. Ce groupe de réflexion est constitué d'une trentaine de personnalités qualifiées, issues ou non de Poitou-Charentes, appartenant à différents domaines socioprofessionnels, institutionnels, ainsi que des cadres des services de la Région. Les membres du collège sont choisis à titre personnel et non comme représentant d'un organisme. Leur mission est d'orienter et d'animer le débat prospectif.

Élément phare et original du dispositif, le collège de prospective désigne les problématiques et les enjeux du territoire. Il organise ses travaux sous forme de séminaires (cinq à six par an) consacrés aux problématiques régionales et à des thématiques clés. Il auditionne des personnalités et discute des travaux de prospective qui lui sont soumis. Il se comporte comme une chambre d'écho, une « caisse de résonance », procédant davantage par diffusion intellectuelle que par recommandations formelles, tout en étant rigoureux.

Sur suggestion du collège, l'État et la Région ont créé, en 1994 dans le cadre du contrat de plan, l'Institut atlantique d'aménagement des territoires (IAAT), outil de partage et de diffusion de l'information. Cet outil permanent fait office à la fois d'observatoire, et de lieu de concertation et de coopération intervenant dans le champ de « l'intelligence territoriale », il produit du savoir et de l'expertise, notamment au service de la prospective.

La Région s'est également adjoint le savoir-faire et les méthodes de consultants, associés aux travaux du collège de prospective.

La première expérience prospective a été ravivée et consolidée en 1996, en se fondant sur un dispositif d'investigation et de débat constitué progressivement de plusieurs éléments interactifs et ayant deux horizons distincts et complémentaires (le long et le court termes).

La démarche de Poitou-Charentes réunit ainsi différentes compétences locales et extérieures, tant sur le plan de la méthode que de l'expertise. Elle repose sur une multiplicité de contributions et d'acteurs alliant professionnalisme scientifique, technique et concertation. Plusieurs travaux, rapports, études, ouvrages ont été produits par les différentes instances et experts. Ils portent à la fois sur un état des lieux, des diagnostics (de « pays » par exemple) mais aussi sur les perspectives de développement régional ou sur l'élaboration de scénarios prospectifs. Cette importante production a

pour objectif de capitaliser, diffuser et ouvrir un débat sur le « savoir » régional et sa mise en prospective.
Mais, cette démarche ne se limite pas à des rapports d'experts. Elle intègre le débat d'opinion et d'idées. Sont ainsi associés, les élus, les partenaires et les acteurs régionaux, mais aussi le grand public. De même, l'État est fortement impliqué aux différents stades de l'exercice. La réflexion partagée de ces différents acteurs accompagne la politique régionale.
Cet effort prospectif soutenu correspond à la volonté du conseil régional et de son président, mais aussi à la nécessité, pour la région elle-même, de construire un projet unitaire, fédérateur et partagé.

Source : D'après *La région Poitou-Charentes, une région en prospective*, de Philippe Desmarest, délégué à la prospective de la région Poitou-Charentes in « Prospective : l'avenir mode d'emploi », Quatrièmes Assises de la fonction financière, du contrôle de gestion et de l'évaluation des politiques publiques des collectivités territoriales (AFIGESE-CT) et CNFPT, septembre 2000.

Les sections prospectives des conseils économiques et sociaux régionaux

Une modalité d'organisation introduite en 1992

Assemblée consultative placée auprès du conseil régional et du président du conseil régional, le CESR, par ses avis, concourt à l'administration de la région. Sa composition est fixée par décret en Conseil d'État (n° 2001-731 du 31 juillet 2001) et ses membres, désignés pour six ans, sont répartis en quatre collèges :
- représentants des entreprises et activités professionnelles non-salariées ;
- organisations syndicales de salariés représentatives au niveau national ;
- organismes et associations qui participent à la vie collective de la région ;
- personnalités concourant au développement de la région.

Obligatoirement saisi par le président du conseil régional sur la quasi-totalité des domaines de compétences de la région, il peut également être saisi par le président du conseil régional ou le préfet de demandes d'avis et d'études sur tout projet à caractère économique, social et culturel ou encore, s'auto-saisir sur toute question relative à la vie régionale afin de contribuer à l'élaboration des politiques régionales.

Depuis la loi n° 92-125 du 6 février 1992, relative à l'administration territoriale de la République, les CESR ont la faculté de créer des sections, sur proposition en Conseil d'État. Ces sections sont constituées de conseillers économiques et sociaux issus des quatre collèges pré-cités et, pour un tiers, de personnalités et/ou d'organismes extérieurs reconnus pour leurs compétences, ce qui en fait l'originalité. Leur création répond à une grande diversité d'objets. Cette liberté à été mise à profit par certains CESR pour introduire des « sections de prospective » ou « de prospective et d'évaluation. »

L'analyse des travaux conduits dans ce cadre permet de préciser les missions assurées par ces sections prospectives :

– contribuer aux travaux des CESR ;
– approfondir les connaissances relatives à des thèmes variés et en insistant sur leurs évolutions probables à moyen et long terme ;
– aider à effectuer des choix qui permettraient d'infléchir des évolutions dans le sens d'un futur souhaité ;
– aider les commissions des CESR à intégrer les travaux prospectifs dans leurs propres réflexions ;
– engager des travaux de prospective territoriale.

Formellement c'est le président du CESR qui fixe les sujets de réflexion et les modalités pratiques de travail. Le pilotage de la section est effectué par un bureau, composé d'un président, d'un vice-président et d'un secrétaire, le président assurant la liaison avec le président du CESR.

À l'image des commissions des CESR, l'activité de la section prospective combine groupes de travail, auditions, séances plénières. Aux moments opportuns, elle doit évidemment solliciter des appuis méthodologiques : interventions de spécialistes pour les travaux de prospective thématique, accompagnement des temps forts de la prospective territoriale par un (e) prospectiviste.

Lieu de débat ouvert aux innovations méthodologiques, aux points de vue critiques, à la contestation des

idées reçues, la section prospective produit des Avis, votés en séance plénière, et largement diffusés à l'échelle régionale.
En fonction de l'étroitesse des liens entretenus avec le CESR, le Conseil régional, l'État déconcentré, les habitants – à travers des rencontres propices à leur participation – on entrevoit une forte diversité de modes d'insertion de la section prospective dans les réflexions régionales.

Source : Nathalie Leroux, chargée de mission à la DATAR

Bibliographie

Textes officiels

– loi d'orientation pour l'aménagement et le développement durable du territoire (LOADDT) du 25 juin 1999, dite loi Voynet ;
– loi relative au renforcement et à la simplification de la coopération intercommunale du 12 juillet 1999, dite loi Chevènement ;
– loi relative à la solidarité et au renouvellement urbains (loi SRU) du 13 décembre 2000 ;
– loi relative à la démocratie de proximité du 27 février 2002.

Ouvrages

– Ascher François, Delamarre Aliette, Loinger Guy, de Romefort Alain, Rochefort Michel, Theys Jacques, Wachter Serge, *Les territoires du futur*, Ed. de l'Aube, 1993.

– Association Finances, Gestion, Évaluation des Collectivités Territoriales (AFIGESE – CT), *Glossaire de l'Evaluation*, septembre 2001.

– Association Finances, Gestion, Évaluation des collectivités Territoriales (AFIGESE-CT) *Prospective : l'avenir mode d'emploi*, Quatrièmes Assises de la fonction financière, du contrôle de gestion et de l'évaluation des politiques publiques des collectivités territoriales, septembre 2000.

– Collectif coordonné par Pierre Dommergues, en collaboration avec Christine Afriat, Christian Lemaignan, Pierre-Yves Mauguen, Guy Loinger, *La prospective au cœur des régions*, Syros -1993.

– De Courson Jacques, *La prospective des territoires, concepts, méthodes, résultats*, Collection du Certu, 1999.

– Flamant Jean-Claude et Lugan Jean-Claude, *Les Chemins de 2010 – Midi-Pyrénées en prospective*, Préfecture de Région, 1992.
– Goux-Baudiment Fabienne, *Donner du futur aux territoires*, Guide de prospective territoriale à l'usage des acteurs locaux. Collection du Certu, 2000.
– Goux-Baudiment Fabienne, *Quand les territoires pensent leurs futurs*, Ed. de l'Aube, 2001.
– Guigou Jean-Louis, *Une ambition pour le territoire*, Ed. de l'Aube, 1995.
– Leclerc Romuald, Paris Yves, Wachter Serge, *Les régions au futur*, Ed. de l'Aube, 1996.
– Loinger Guy, *Vers la prospective régionale stratégique et participative*, OIPR/GEISTEL, 1991
– Loinger Guy, *Guide de recherche méthodologique en prospective territoriale*, LCA Europe et stratégie, 1996
– Massé Pierre, *De prospective à prospectives*, Prospectives, PUF, n° 1, 1973
– Mazel Olivier, Vazard Pascal, Werner Klaus, *Construire un projet de territoire*, Ed. Villes et Territoires, 1997.
– Stevens Jean-François, *Petit guide de prospective Nord-Pas-de-Calais*, Ed. de l'Aube, 2000.
– *Concertation/Débat public, Quelques leçons de l'expérience*, ministère de l'Équipement, des transports et du logement, Collection CGPC et SIC, janvier 2002.
– *Repères sur Concertation et territoires*, C & S Conseils, Collection Territoires en développement, ETD, novembre 2001.

Contacts

DATAR
Aliette Delamarre : aliette.delamarre@datar.gouv.fr
Nathalie Leroux : nathalie.leroux@datar.gouv.fr

Un dispositif de mise en relation de la DATAR, des services déconcentrés de l'État et des services des collectivités territoriales, dans le domaine de la prospective territoriale est à l'étude.

Centre de prospective et de veille stratégique (CPVS)
Ministère de l'Équipement, Direction de recherche scientifique et technique (DRAST), Jacques Theys
jacques.theys@equipement.gouv.fr

Futuribles
Hugues de Jouvenel
hjouvenel@futuribles.com
www.futuribles.com

Groupe d'études ressources prospective aménagement (GERPA)
Philippe Mirenowicz
GERPASarl@aol.com

Laboratoire d'investigation prospective et stratégique (LIPS)
Michel Godet
michel.godet@cnam.fr

MCM Conseil
Marie-Claude Malhomme
mcmconseil@wanadoo.fr

Observatoire international de prospective régionale (OIPR)
Guy Loinger
www.repères-oipr.fr

Proactivité-conseil
François Bourse, Vincent Pacini, Jacques Arcade
info@proactivité.fr
www.proactivité.fr

Progective
Fabienne Goux-Baudiment
fgb@progective.com

Prospective et planification territoriales
Ministère de l'Équipement, Direction de recherche scientifique et technique (DRAST), Direction générale de l'urbanisme de l'habitat et de la construction (DGUHC), Claude Spohr.
claude.spohr@equipement.gouv.fr

Glossaire

Comité interministériel à l'aménagement (et au développement) du territoire (CIA(D)T) :
Créé en 1960 et présidé par le Premier ministre, le CIAT (devenu CIADT en 1995) décide des perspectives et des choix à long terme en matière d'aménagement du territoire, de l'utilisation des crédits des divers fonds relevant de son domaine de compétence et arbitre les engagements financiers des départements ministériels.

Commissariat Général du Plan :
Organisme de planification créé en 1946, le Commissariat général du Plan mène et suscite des analyses prospectives sur tous les sujets d'intérêt général pour l'avenir de la France et le cadrage des politiques de l'État. Depuis l'abandon des lois de plan, le rôle du Commissariat a été sensiblement modifié. Il s'articule désormais autour de trois axes majeurs : le développement de l'économie française dans le cadre de la mondialisation et l'intégration européenne, le renforcement de la cohésion sociale et la modernisation des instruments de l'action publique. Le Commissariat assure le secrétariat du Conseil national d'évaluation.

Concertation :
Mise en œuvre des comportements et des pratiques qui visent à associer les citoyens aux décisions qui concernent leurs conditions de vie. Son objectif est de permettre l'expression des attentes, des préoccupations, des propositions, des points de vue autres que ceux du porteur du projet. Son but n'est pas de rechercher le consensus, mais d'enrichir la décision, qui sera ainsi plus éclairée et plus légitime.

D'après, *Repères sur Concertation et territoires*, C & S Conseils, collection Territoires en développement, ETD, novembre 2001.

Conseil économique et social régional (CESR) :
Instituée par la loi du 5 juillet 1972, cette assemblée consultative du monde socio-économique est placée auprès des conseils régionaux. Élu pour une durée de 6 ans, le CESR est principalement composé de représentants des entreprises et activités professionnelles non salariées et des organisations syndicales. Il émet des avis sur toute question relevant de la compétence de la région et doit aussi être obligatoirement saisi pour avis sur la préparation du contrat de plan, ainsi que sur les orientations du budget régional.

Contrat de plan État-Région (CPER) :
Issus de la régionalisation de la planification et de la montée en puissance des pratiques contractuelles, les CPER ont été créés par la loi du 29 juillet 1982 pour accompagner la décentralisation et la déconcentration de l'action publique. L'État, représenté par le préfet de région, et le président du conseil régional s'accordent sur un programme pour 7 ans (5 ans précédemment) d'actions en matière d'aménagement et de développement du territoire régional. Chaque partenaire s'engage sur la nature et le financement des différentes opérations programmées.

Consultation :
Recueil de l'avis des autres sur un projet ou un programme. La consultation n'implique pas le dialogue, elle permet seulement de connaître la position des interlocuteurs et ne nécessite pas de tenir compte de leur avis.
D'après, *Repères sur Concertation et territoires*, C & S Conseils, collection Territoires en développement, ETD, novembre 2001.

Délégation à l'aménagement du territoire et à l'action régionale (DATAR) :
Créée en 1963, la DATAR a un rôle de réflexion, d'impulsion et d'animation des politiques de l'État en matière d'aménagement du territoire. Administration de mission à caractère interministériel, elle est un service du Premier ministre mis à disposition du ministère de la Fonction publique, de la réforme de l'État et de l'aménagement du territoire. Elle coordonne les politiques d'aménagement du territoire des différents ministères au niveau central et déconcentré. Elle assure le suivi des contrats de plan et des fonds structurels européens ; elle gère le Fonds national d'aménagement et de développement du territoire (FNADT) et la Prime d'aménagement du territoire (PAT).

Débat public :
Le débat public renvoie à deux notions :
– celle, limitée, d'un échange de points de vue, ouvert à tous, qui peut prendre la forme de quelques réunions publiques plus ou moins médiatisées ou
– celle, plus générique, de processus public de discussion rythmé par des étapes, des bilans, des règles du jeu. D'après, *Repères sur Concertation et territoires*, C & S Conseils, collection Territoires en développement, ETD, novembre 2001.
Par exemple, le débat public instauré au travers de la Commission nationale de débat public créée par la loi du 2 février 1995 relative au renforcement de la protection de l'environnement dite loi Barnier, dont le champ a été élargi par la loi relative à démocratie de proximité du 27 février 2002.

Diagnostic :
État des lieux qui recense, sur un territoire déterminé, les problèmes, les forces et les faiblesses, les attentes des personnes, les enjeux économiques, environne-

mentaux, sociaux,... Il fournit des explications sur l'évolution passée et des appréciations sur l'évolution future.

Diagnostic partagé :

Le diagnostic est partagé lorsqu'il est le fruit d'une réflexion commune à une diversité d'acteurs et non seulement des auteurs du diagnostic.

Évaluation (des politiques publiques) :

Démarche qui consiste à construire un jugement de valeur sur une intervention publique, à partir de plusieurs angles d'approche : efficacité, efficience, pertinence, cohérence, utilité sociale réelle ou supposée, effets... de manière à en améliorer la portée dans le futur.

Gouvernance :

Dans l'usage devenu le plus courant, ce terme se rapporte aux relations entre les dirigeants et les dirigés, notamment entre l'État et la société civile.

En France, trois thèmes sont concernés par cette notion :

– les rapports entre les pouvoirs locaux et la société civile ;

– les conditions de partenariat entre le secteur public et le secteur privé ;

– la participation des citoyens à l'action publique par l'intermédiaire de la consultation ou de la concertation. Ce dernière thème a acquis beaucoup d'importance dans la loi et la pratique, notamment en matière d'urbanisme et d'aménagement.

Planification :

Conception rationnelle d'un futur désiré et description dans le temps, étape par étape, des moyens à mettre en œuvre pour parvenir à l'objectif souhaité.

Planification spatiale :

Autrefois technocratique et assortie d'objectifs quantifiés, elle signifie désormais avant tout : information, coordination, concertation et coopération entre acteurs. Elle s'apparente à un processus de régulation d'une action d'aménagement.

Prévision :

Estimation sur le futur assortie d'un degré de confiance.

Projection :

Prolongement, ou inflexion, dans le futur de tendances passées. La projection peut être linéaire (simple prolongement des courbes) ou prendre en compte des inflexions, des ruptures, voire des retournements de tendances.

Projet :

Ce terme recouvre l'élaboration, la mise en œuvre et le suivi d'un programme d'action (s) délimité en termes de calendrier et de budget.

Le projet territorial compte 4 dimensions :

– une vision du futur partagée par les acteurs et les citoyens ;

– une volonté collective d'y parvenir ;

– un système de valeurs partagées ;

– des axes stratégiques majeurs pour le moyen terme, validés par les acteurs.

Prospective :

Regard sur l'avenir destiné à éclairer l'action présente. « La prospective, c'est l'art de fonder la décision non sur le prolongement des données du passé, mais sur les hypothèses qu'on peut légitimement faire quant à l'avenir », E. Pisani, Persiste et signe.

– *Prospective exploratoire* **:** Exercice prospectif qui vise à explorer les futurs possibles, à partir d'une analyse du passé (rétrospective) pour repérer les tendances lourdes d'évolution et d'une analyse du présent pour identifier les facteurs de changement. F. Goux-Baudiment.

– *Prospective normative :* Exercice de prospective qui vise à définir le cheminement permettant d'atteindre un objectif à venir voulu, soit à partir du présent vers le futur, soit à partir du futur vers le présent. F. Goux-Baudiment.

– *Prospective stratégique :* L'anticipation mise au service de l'action stratégique et du projet. M. Godet.

– *Prospective territoriale :* Déclinaison de l'une ou de l'autre des formes précédentes de prospective, appliquée à l'avenir d'un territoire.

Société civile :

Par société civile, on entend, l'ensemble des citoyens dans la diversité de leurs appartenances professionnelles et sociales, qui constituent la société et qui expriment leur initiative et leur volonté de participation à travers des organisations, associations et structures très diversifiées ayant pour finalité de concourir à la poursuite d'objectifs à caractère économique, social, culturel, éducatif, sportif, humanitaire, civique ou autre, ne ressortissant pas directement à la sphère politique ou étatique.

De la représentation institutionnelle de la société civile, document provisoire du Conseil economique et social, février 2002.

Tendances lourdes :

Une tendance lourde est une tendance qu'on juge bien établie. Un mouvement observable qui affecte un phénomène de telle manière qu'on puisse envisager avec certitude son évolution dans le temps.

Signaux faibles – Faits porteurs d'avenir :

Signes infimes par leurs dimensions présentes mais immenses par leurs conséquences virtuelles. Pierre Massé.

Scénarios :

Exercices de simulation d'évolutions possibles (du territoire) en fonction de jeux d'hypothèse.

– *Scénario tendanciel :* Poursuite des tendances actuelles en l'absence d'intervention volontaire

– *Scénario contrasté (ou de rupture)* : Modification radicale de l'évolution passée sous l'effet de ruptures, d'évènements, de décisions.
D'après Jacques de Courson.
– *scénarios normatifs* : Cheminements à adopter pour atteindre une situation définie comme souhaitable.

Schéma régional d'aménagement et de développement du territoire (SRADT) :
Élaboré par le conseil régional, ce schéma, prévu par la LOADT de février 1995 et modifié par la LOADDT de juin 1999, fixe désormais « les orientations fondamentales, à moyen terme, du développement durable du territoire régional ». Il comprend « un document d'analyse prospective et une charte régionale assortie de documents cartographiques qui exprime le projet d'aménagement et de développement durable du territoire régional ». Il peut ainsi comprendre les orientations adoptées par le conseil régional en matière d'environnement, de développement durable, de grandes infrastructures de transport, de grands équipements et de services d'intérêt général. Ces orientations, qui ne sont pas prescriptives, doivent être compatibles avec celles des schémas de services collectifs.

Imprimé par Instaprint
1, 2, 3, levée de la Loire - 37520 La Riche
N° imprimeur : 070210117 - Dépôt légal : juillet 2002